Noor van Haaften

Neue Geschichten für zwischendurch

SCM Hänssler

SCM

Stiftung Christliche Medien

Bestell-Nr. 395.235
ISBN 978-3-7751-5235-8

SCM Hänssler im SCM-Verlag GmbH & Co. KG
71088 Holzgerlingen
Internet: www.scm-haenssler.de
E-Mail: info@scm-haenssler.de
Übersetzung aus dem Niederländischen: Martina Merckel-Braun
Umschlaggestaltung: Provinzglück GmbH · www.provinzglueck.com
Titelbild: Aly te Rietstap, Amersfoort, Niederlande
Satz: Christoph Möller, Hattingen
Druck und Bindung: CPI – Ebner & Spiegel, Ulm
Printed in Germany

Dieser Titel erschien zuvor bei SCM R.Brockhaus
unter der ISBN 978-3-417-26227-8.

Inhalt

Vorwort .7

Big Smile .8
Treue .11
Krieg im Supermarkt .15
Unterm Kastanienbaum .18
Ausdauer gefragt! .21
Zwei Geizhälse vorm Spielzeugschrank .25
Robert .28
Eine Antenne für Gott .32
Singend ins Krankenhaus .35
Big Business .38
Verabredung von höherer Hand .42
Und dann stehst du da! .46
Gott befohlen! .49
Du sollst nicht stehlen .52
Spannung in der Kirche .55
Er liebt sie nicht mehr .58
Willem .61
Blick auf unendlich .64
Ente gut, alles gut .67
Urlaub im Süden .70
Begegnung in Zell am See .73

Vorwort

Dieses Büchlein ist der Folgeband von *Geschichten für zwischendurch*, das im Jahr 2006 erschienen ist. Wieder geht es um alltägliche Ereignisse und ganz normale Menschen wie Sie und mich. Auf den ersten Blick nichts Besonderes ...

... und dennoch:

Ein bestimmtes Ereignis, eine Begegnung, ein Gespräch, eine Bemerkung kann etwas bewirken. Solch ein kleines Erlebnis am Rande kann uns bewegen oder ein Lächeln entlocken. Es kann uns einen Moment innehalten lassen, weil es uns die Augen für etwas Wesentliches öffnet oder uns gerade begreifen lässt, wie relativ etwas ist. Wenn dies geschieht, dann bekommt das »Zwischendurch« einen Sinn.

Ebenso wie das vorhergehende Buch eignet sich auch dieses als Geschenk bei einem Krankenbesuch, bei einer Einladung zum Essen, als Dankeschön oder »einfach so«. Ich hoffe, dass die Leser und Leserinnen Freude daran haben.

Noor van Haaften

Soest, März 2008

Big Smile

Im Rahmen einer Ausbildung an einer britischen Bibelschule machte ich ein Praktikum in der Baptistengemeinde einer nahe gelegenen Stadt. Dort wurde mir die Verantwortung für die *Covenanters*[1] übertragen, zwölf junge Mädchen im Alter von etwa dreizehn Jahren, die jede Woche zum Konfirmandenunterricht kamen. Es war eine nette Gruppe, und ich erinnere mich gern an diese Zeit. Der niederländische Kabarettist Paul van Vliet hat einmal ein Lied über dreizehnjährige Mädchen geschrieben, die ein wenig Mühe damit haben, ihren Platz im Leben zu finden, und »weder Fisch noch Fleisch« sind – sie sind den Kinderschuhen gerade entwachsen, aber noch keine Teenager. Heute trifft das vielleicht nicht mehr zu, weil Kinder heute früher erwachsen werden, aber damals stimmte das noch. Meine englischen *Covenanters* waren einfach liebe und vor allem unschuldige Mädchen, die sich mit Feuereifer in den »Club« einbrachten.

Bei unseren wöchentlichen Treffen gab es neben dem biblischen Unterricht auch Zeit zum Musizieren. Ich war voller Begeisterung damit beschäftigt, meine Schülerinnen gut und mehrstimmig singen zu lassen, und begleitete sie selbst auf dem Klavier. Ich war völlig überrascht, als wir dazu eingeladen wurden, an einem musikalischen Ereignis im Rahmen der jährlichen nationalen Zusammenkunft der *Covenanters* in London teilzunehmen. Ohne unser Wissen hatte meine Ausbildungsleiterin uns dazu angemeldet. Es handelte sich um einen regelrechten Wettbewerb, bei dem eine Gruppe zum Landessieger gekürt werden sollte. Für »meine« Mädchen, die zum Teil aus weniger privilegierten Familien kamen, war die Aussicht auf einen Tag in London überwältigend.

Wir übten und übten, und mit Erfolg. Der Rhythmus hatte die Kinder gepackt, und sie sangen wie die Lerchen. Abgesehen von der einen ... Carol war ein liebes schwarzes Mädchen und vielleicht die

---

1 Eine kirchliche Jugendorganisation in Großbritannien.

Eifrigste von allen. Aber sie sang so falsch, wie es falscher nicht mehr ging. Und laut, denn sie war begeistert! Ich versuchte es eine Zeit lang zu ignorieren, aber es wurde immer klarer: Wenn unser kleiner Chor sang, war dieser eine falsche Ton so deutlich zu hören, dass selbst der kleinste Erfolg bei unserem Auftritt in London von vornherein ausgeschlossen war. Was sollte ich tun? Carol auszuschließen war völlig undenkbar. Ich brachte es einfach nicht übers Herz, diesem überglücklichen Kind zu sagen, dass es nicht mitsingen durfte.

Diese heikle Frage hat mir nächtelang den Schlaf geraubt. Aber dann kam der Moment, als ich Licht sah. Carol strahlte eine enorme Begeisterung aus. Außerdem hatte sie blendend weiße Zähne, mit denen sie bei einer Zahnpastareklame zweifellos ein Vermögen verdient hätte. Wenn sie lachte, und das tat sie oft, ging die Sonne auf. Man konnte nicht anders, als froh zu werden, wenn man sie sah.

Ich beschloss, ihr eine besondere Aufgabe zu übertragen. Und so kam es, dass wir bei unserem Auftritt in London einen umwerfenden Eindruck hinterließen. Dazu hat unsere musikalische Darbietung sicher beigetragen. Aber sehr wichtig, wenn nicht gar entscheidend, war Carols Anwesenheit. Die wirkte Wunder. Carol hatte bei der Aufstellung des Chors einen zentralen Platz erhalten, aber sie sang nicht mit. Ihre besondere Aufgabe bestand darin, dem Saal zuzulachen, und das tat sie voller Hingabe. Inmitten dieser Gruppe von singenden und swingenden Mädchen lächelte Carol ihr strahlendes, herzgewinnendes Zahnpastalächeln. Das Resultat ließ nicht auf sich warten: Das Publikum ließ sich von ihr anstecken und lächelte zurück. Und das wiederum wirkte sich auf den Chor aus – die Sängerinnen wurden ebenfalls fröhlich, und es herrschte eine Bombenstimmung.

Es klingt unglaublich, aber wir gewannen den ersten Preis. Meine Ausbildungsleiterin, eine ältere Dame, die jahrelang die *Covenanters* geleitet hatte, brachte vor lauter Rührung beinah kein Wort heraus. Auf der Heimfahrt im Bus waren wir wie berauscht vor Glück.

Es ist inzwischen gut dreißig Jahre her, aber ich denke immer noch voller Genugtuung an jenes musikalische Ereignis in der großen Konzerthalle in London zurück. Falls jemand den Film gesehen hat: Wir waren genau wie *Sister Act*. Mit dem einzigen Unterschied, dass unsere Stimmungskanone ein dreizehnjähriges Mädchen war, das zwar nicht richtig singen konnte, aber eine andere Gabe hatte: Sie machte Menschen froh.

Freut euch mit den Fröhlichen.

Römer 12,15

Wertvolle Begegnungen

Eines Tages, als ich in einer hügeligen Landschaft in England unterwegs war, sah ich schon von Weitem einen imposanten viereckigen Kirchturm. Er war von einer kleinen, etwas tiefer gelegenen Ansammlung von Häusern umgeben.

Es war ein herrlicher Herbstnachmittag. Sonne und Wolken wechselten einander ab, die Ebereschen färbten sich tiefrot und die Brombeersträucher am Straßenrand waren voller Beeren.

Einem Impuls folgend beschloss ich, die alte Kirche zu besichtigen. Sie war nicht schwer zu finden, das ländliche Dorf bestand aus wenigen Straßen, deren Mittelpunkt die auf einer kleinen Anhöhe gelegene Kirche war. Ich parkte mein Auto an einer langen Mauer, die von buntem Efeu überwuchert war, und folgte dem Fußweg hinauf zu der großen Kirche. Er führte am Friedhof vorbei, einem offenen Feld, auf dem vor allem alte, aber auch einige neuere Grabsteine kreuz und quer durcheinanderstanden. Das Gras war frisch gemäht worden, aber auch hier und dort plattgetreten, der Boden war uneben, voller Buckel und Mulden.

Ich verließ den Weg und ging über den Friedhof. Es ist doch seltsam, dass Grabsteine immer dazu einladen, die Namen und die Geburts- und Sterbedaten der Menschen zu betrachten, die dort ihre letzte Ruhestätte gefunden haben. Eine alte Frau, die zwanzig Jahre Witwe gewesen war, ein Mann, der seine Frau um zehn Jahre überlebt hatte, ein Kind, das nur vier Jahre alt geworden war. Und eine Oma, die schon vor einigen Jahren gestorben war, aber ein Grab voller frischer Blumen und lieber Briefe von den Enkelkindern hatte.

Beim Eingang der Kirche angekommen, ging ich durch die meterhohen alten Holztüren hinein. Es waren echte Prunkstücke, mit prächtigen Holzschnitzereien verziert, die, wie sich später herausstellte, im 14. Jahrhundert von kunstfertigen Händen hergestellt worden waren. Die Kirche enthielt noch mehr Schätze, zum Beispiel wunderschöne Bleiglasfenster und ein imposantes altes Taufbecken. Das Interieur selbst war jedoch nüchtern – schlichte Holzbänke mit wenigen bestickten Kissen zum Knien, eine Kinderecke und ein Tisch mit ein paar Prospekten.

Während ich dies alles in mich aufnahm, fiel mir eine Stimme auf, die Worte sprach, auf die keine Antwort, kein Widerspruch erfolgte. Dennoch waren die Worte an jemanden gerichtet; es gab auch Pausen, als würde Raum gelassen für eine Antwort. Die Stimme war warm und bewegt und kam aus einem Seitenschiff der Kirche. Ich spitzte die Ohren und erkannte in dem Gesprochenen das liturgische Abendgebet der anglikanischen Kirche, das normalerweise mit der Gemeinde zusammen gebetet wird, wobei der Prediger seinen Teil spricht und die Gemeinde dann jeweils darauf antwortet. Diesmal jedoch fehlte die Antwort, der Vorbeter schien allein zu sein.

Nach einer Weile trat ein freundlich aussehender Mann aus dem Seitenschiff. Er trug Alltagskleidung, war jedoch durch den weißen Stehkragen unter seinem Pullover als Geistlicher zu erkennen. Nachdem wir einander begrüßt hatten, kamen wir ins Gespräch. Er war, wie sich herausstellte, der Hilfsprediger, der unentgeltlich in der Gemeinde diente, die aus nicht mehr als sechzig Mitgliedern bestand. Der sonntägliche Gottesdienst wurde normalerweise von etwa fünfzehn Menschen besucht.

»Und wie ist es unter der Woche?«, fragte ich. »Beim Abendgebet?«

»Da kommt meist niemand«, lautete die Antwort. »Aber die Leute finden es schön zu wissen, dass hier vorm Dunkelwerden gebetet wird, für die Gemeinde, für einzelne Menschen, für das Dorf. Das gibt ihnen ein Gefühl von Sicherheit und Geborgenheit.«

Ich schwieg einen Moment und ließ die Bedeutung seiner Worte zu mir durchdringen: Dieser Prediger stand hier Abend für Abend allein und tat Fürbitte für die Gemeindemitglieder und die Dorfbewohner. Von denen sich niemand blicken ließ, und sei es nur, um ein bisschen Anteilnahme zu zeigen.

Ich sah den Prediger an. »Wie sieht Ihre Arbeit denn während der Woche aus?«, fragte ich.

»Da besuche ich Leute«, lautete die Antwort. »Heute war ich gerade bei einer alleinerziehenden Mutter, die ihr Kind taufen lassen will. Sie ist keine Kirchgängerin, aber das Thema Taufe bietet einen Einstieg. Es gibt immer wieder Menschen, die ›nichts mit der Kirche am Hut haben‹, sich aber doch an uns wenden, wenn es um eine Hochzeit oder eine Taufe geht. Ich komme gern mit ihnen ins Gespräch und versuche ihnen dann zu vermitteln, dass sie herzlich willkommen sind – in der Hoffnung, dass sie sich auf diesem Weg ein bisschen für den Glauben und die Gemeinde öffnen.«

»Wächst Ihre Gemeinde denn?«, fragte ich. »Bieten Sie einen Alpha-Kurs an oder gibt es Hauskreise?« Der Prediger drehte sich um und zeigte auf den Tisch mit den Prospekten. »Hier liegt das Anmeldeformular für einen Bibelgesprächskreis, der diesen Herbst beginnt«, sagte er. »Sehen Sie, es stehen zwei Namen darauf.«

Wieder schwieg ich einen Moment. Was für ein hingebungsvoller, mutiger Mensch, dachte ich. Jeden Tag in einer leeren Kirche im Gebet für seine Gemeinde, sein Dorf. Während der Woche unermüdlich unterwegs, um alle diejenigen zu besuchen, die das wünschten. Ohne daran die Erwartung zu knüpfen, dass diejenigen dann auch in die Kirche kommen. Dankbar für zwei Namen auf dem großen Anmeldeblatt für eine Gesprächsgruppe.

Ich sah ihn an. »Gott segne Sie«, sagte ich. »Ich habe Achtung vor Ihrem Durchhaltevermögen und Ihrer Treue zu diesen Menschen. Das ist sicher nicht immer einfach für Sie, aber es ist so wichtig.« Beinah gleichzeitig reichten wir einander die Hand.

»Es war schön, Sie kennenzulernen«, sagte der Prediger. »Ich vermute, dass Sie selbst auch dem Herrn dienen?«

Ich nickte bestätigend.

»Ja, das habe ich Ihnen angemerkt«, sagte er. »So etwas spürt man einfach. Gott segne Sie.«

Ich ließ seine Hand los. »Und Sie«, sagte ich. Und blickte ihm nach, als er durch die großen Türen nach draußen ging. An diesem herbstlichen Nachmittag in England. Einer von Gottes Leuten, einer von seinen Botschaftern. In einem kleinen Dorf irgendwo auf dieser großen Erde. Ausgesandt wie die Jünger im ersten Jahrhundert nach Christus. Bis ans Ende der Erde sollten sie gehen, sie und die Menschen nach ihnen. Als Botschafter der guten Nachricht, des Evangeliums von Jesus Christus. Bis zum heutigen Tag. Was für ein Segen, einem von ihnen zu begegnen. Welch ein Geschenk, einander als solche Mitarbeiter des Reiches Gottes zu erkennen. Und einander Gottes Segen wünschen zu dürfen.

Lasst uns aber Gutes tun und nicht müde werden ...

Galater 6,9

Krieg im Supermarkt

»Du hast dieses Kind gewollt, jetzt kannst du dich auch darum kümmern!« Eine rot angelaufene Frau, an deren Bein sich ein kreischendes Kind klammerte, riss mich aus meinen glückseligen Überlegungen vor dem Regal mit Frühstücks-Zerealien in einem großen britischen Supermarkt. Ich war im siebten Himmel und stand mit einem Gefühl wie Alice im Wunderland vor dem unglaublich reichhaltigen Sortiment von Müslis und Frühstücksflocken – Cornflakes, Kleieflocken, *Rice Crispies*, *Wheetabix* und was das Herz sonst noch begehrte – während hinter mir der Krieg ausbrach. Eine tobende Mutter schleifte ihr brüllendes Kleinkind durch den Gang und stieß es unbeherrscht zu ihrem Mann. Sie war außer sich, der Rauch quoll ihr beinah aus den Ohren.

Mit einem Arm voller Waren bückte sich der Mann, um seinen kleinen Sohn hochzuheben. Einmal auf seinem Arm, legte das Kind das Köpfchen an den Hals seines Vaters und wurde still. Damit war die Situation jedoch nicht gerettet. Bei der Mutter gab es kein Halten mehr, sie schien jetzt erst richtig in Fahrt zu kommen. Mit wutverzerrtem Gesicht riss sie so heftig an dem übervollen Einkaufswagen, dass die Flaschen gefährlich klirrten. »Und?«, giftete sie ihren Mann an. »Du wolltest dieses Kind doch? Oder vielleicht nicht?« Und noch einmal: »Und? Wer wollte dieses Kind? Wollen ja, aber etwas dafür tun – nein! Also, ich kann darauf verzichten – kümmere du dich doch darum!«

Der Mann, dem das Ganze offensichtlich peinlich war, stand ein bisschen hilflos da mit seinem Sohn auf dem einen und den Einkäufen auf dem anderen Arm. Dann wurde ihm auch der Einkaufswagen wütend zugeschoben. Mit seinen vollen Armen konnte er den nicht mehr abfangen. Darum kniete er sich hin und setzte sein Söhnchen kurz auf den Boden. Das löste einen neuen Brüllanfall aus. Und eine neuerliche Tirade seiner Frau. Es war buchstäblich ein Höllenlärm. Aus den verschiedenen Gängen tauchten Leute auf, die sehen wollten, was los war. Ein paar von ihnen zogen sich gleich wieder erschrocken zurück, andere blieben stehen und dachten sich (und sagten) ihren Teil.

In diesem großen britischen Geschäft vor dem enormen Regal mit den herrlichen Frühstücksflocken verschwand mein Alice-im-Wunderland-Gefühl wie Schnee in der Mittagssonne. Ich wollte mich nur noch aus dem Staub machen, um diesem bitteren, erniedrigenden Schauspiel zu entkommen – diesem heftigen Streit, der über den Kopf eines kleinen Kindes hinweg geführt wurde. Wie schrecklich muss dieser Mann sich gefühlt haben, als er im Beisein anderer Leute so von seiner Frau heruntergemacht wurde. Wie unsicher muss ein Kind sich fühlen bei solchen Wutausbrüchen, vor allem, wenn es hört, dass es die Schuld seines Vaters ist, dass es überhaupt existiert. Wie viel Schmerz fügen Menschen einander doch zu, wie oft lassen wir uns doch gehen und sagen Dinge, die einen anderen tief verletzen. Und wie schnell kann es zur Gewohnheit werden, zu schimpfen und zu schelten, wenn etwas nicht so läuft, wie man sich das vorstellt. Und dem anderen den schwarzen Peter zuzuschieben und ihn oder sie für alles verantwortlich zu machen, was schiefgeht.

»Streit ist gesund und ein Gewitter klärt die Luft«, heißt es oft. Und: »Wir dürfen Konflikten nicht aus dem Weg gehen, denn dadurch werden sie nicht gelöst.« Ich stimme dem aber ganz und gar nicht zu, wenn das bedeutet, dass wir einander einfach alles um die Ohren schlagen, was uns in einer schwierigen oder stressigen Situation einfällt. Und noch schlimmer finde ich, wenn das in aller Öffentlichkeit geschieht, mitten auf der Straße oder, so wie hier, in einem Supermarkt.

Wie sind diese Menschen zur Kasse gekommen? Wie haben sie den Rest des Tages verbracht? Ist *er* in die Wirtschaft oder an den Computer geflüchtet, um seiner wütenden Frau zu entkommen? Hat *sie* sich in alle möglichen Arbeiten gestürzt, oder hat sie eine Freundin angerufen, um ihr ihr Herz auszuschütten? Haben sie beide schweigend vor dem Fernseher gesessen mit einer Fertigmahlzeit aus der Mikrowelle auf dem Schoß? Das Kind im Bett oder ganz allein zwischen Bergen von Spielzeug in seinem Zimmer? Ich weiß es nicht und werde es auch nie erfahren.

Meine englischen Frühstücksflocken sind inzwischen alle, sie haben mir geschmeckt. Aber seltsamerweise habe ich oft an dieses Ehepaar und sein Söhnchen denken müssen, wenn ich die große Schachtel aus dem Schrank geholt habe. Und ihnen in Gedanken etwas Besseres gewünscht – ein harmonischeres Verhältnis zueinander, mehr Geduld und weniger Streitereien. Den beiden eine stabile Beziehung und ihrem Kind Liebe und Geborgenheit. Wenn *eines* sicher ist, dann, dass diese Dinge nicht selbstverständlich sind.

Strebt nach der Liebe!

1. Korinther 14,1

Unterm Kastanienbaum

Es war ein warmer Sommernachmittag, als meine Reisegefährtin und ich nach einer anstrengenden Klettertour in glühender Hitze ein kleines griechisches Dorf auf einem Hügel erreichten. Dort war es wie ausgestorben, es war kein Mensch zu sehen. Die meisten Männer lagen in ihren Weingärten und ruhten sich von ihrer morgendlichen Arbeit aus, die Frauen hatten sich hinter die geschlossenen Läden ihrer Häuser ins Kühle geflüchtet.

Auf einem kleinen Platz entdeckten wir im Schatten eines riesigen Kastanienbaums ein kleines Gartenlokal mit ein paar Stühlen und – wirklich und wahrhaftig – einer Gefriertruhe, unter deren Deckel wir vier einsame Eispäckchen erblickten. Die Gefriertruhe war mit einem schweren Vorhängeschloss verschlossen, das Lokal war leer. Die Saison war offensichtlich beinah zu Ende und die Lebensmittel waren so gut wie aufgezehrt – es wurde niemand mehr erwartet.

Während wir verlangend auf das Eis starrten, kam ein älterer Mann nach draußen. Er war gern bereit, uns seine letzten Erfrischungen zu verkaufen, und ging hinein, um den Schlüssel seiner Gefriertruhe zu holen. Leider erreichte er sein Ziel nicht, denn der Schlüssel war verschwunden, eine Tatsache, für die er sich überschwänglich entschuldigte.

Auf sein lautes »Annaaaa!« hin eilte eine untersetzte Frau mit einer großen Schürze und roten Wangen herbei. Sie erhielt in schnellem Griechisch einen Suchauftrag und verschwand sofort ins Haus, um verschiedene Schränkchen, Schubladen, Töpfe und Fensterbänke in der Gaststube und in ihrer eigenen Wohnung zu durchsuchen. Der Wirt bot uns einstweilen ein Glas Wasser an. Er sprach erstaunlich gut Englisch, etwas, das wir in einer derart abgelegenen Siedlung nicht erwartet hätten. Auf unsere Frage, wie das kam, erhielten wir eine überraschend lange Antwort, zu der er sich gemütlich niederließ, rittlings auf einem alten Küchenstuhl neben der Gefriertruhe mit dem unerreichbaren Eis.

Das so anmutige Dörfchen war im Krieg vom Feind überfallen worden. Auf dem Platz, wo wir eingekehrt waren, waren alle jungen Männer zusammengetrieben und gnadenlos erschossen worden. Er hatte es aus der Nähe gesehen, aber ihm selbst war es gelungen zu entkommen. Eine Zeit lang hatte er sich in den Bergen versteckt. Als der Krieg vorbei war, wollte er weg. Er heuerte als Matrose auf einem großen Schiff an, das nach Australien fuhr, in der Hoffnung, dort eine neues Leben beginnen zu können.

An einem Sommerabend lief er durch die Hafenstadt Perth und sah auf einem Balkon eine junge Frau, die dort Wäsche aufhängte. Er nahm seine Matrosenkappe ab, verbeugte sich tief und sagte so etwas wie: »Guten Tag, schöne Dame!« Seine Worte fielen auf fruchtbaren Boden. Die schöne Dame lud ihn zu einer Tasse Kaffee ein, was zu einer sehr glücklichen Ehe führte, die erst vierzig Jahre später endete, als die schöne Dame starb. Als der Wirt in seiner Geschichte bei dieser betrüblichen Stelle angekommen war, zog er ein schmuddeliges Taschentuch hervor, wischte sich über die nassen Augen und putzte sich geräuschvoll die Nase. »Als meine Frau starb«, sagte er, »war der Glanz aus meinem Leben gewichen, und ich kam in Australien nicht mehr zurecht. Ich habe meine Sachen gepackt und bin in das Dorf zurückgekehrt, in dem ich geboren bin. Kurz darauf habe ich Anna geheiratet, die ich schon seit meiner Kindheit kannte. Wir führen zusammen das Dorfcafé, und wir verstehen uns gut, aber wissen Sie, meine große Liebe war meine schöne deutsche Dame in Australien. Mit ihr wollte ich alt werden, sie war mein Ein und Alles. Ich habe hier ein schönes Leben und fühle mich heimisch, aber es wird nie mehr so werden, wie es einmal war.« Mit zitternden Händen holte er ein verknicktes, angeschmutztes Schwarz-Weiß-Foto aus einer Hosentasche, ein altmodisches Bild von einem altmodischen Mädchen, das Haar in einem geflochtenen Kranz um den Kopf gelegt. Ich war gerührt.

In diesem Augenblick kam Anna aus dem Café: Der Schlüssel der Gefriertruhe war da, und wir konnten unser Eis kaufen. Annas Fröhlichkeit vertrieb die bedrückte Stimmung, die die Lebensgeschichte ihres Mannes hervorgerufen hatte. Die Gefriertruhe ging auf, und zu viert haben wir die letzten Leckereien der Saison aufgegessen. Mit einem weiteren Glas Wasser. Bald darauf machten wir uns wieder auf den Weg, diesmal abwärts, zurück ins Tal. Der Wirt blieb noch ein bisschen draußen sitzen, ergriffen und in Gedanken versunken, während seine Anna mit Eimer und Besen beschäftigt war. Die Weinbauern waren inzwischen aus ihrer Siesta erwacht und arbeiteten schweigend in ihren Weingärten. Jeder mit seinen eigenen Gedanken, jeder mit seiner eigenen Geschichte.

Ein jegliches hat seine Zeit,
und alles Vorhaben unter dem Himmel hat seine Stunde.

Prediger 3,1

Ausdauer gefragt!

Es vergeht beinah kein Tag, an dem in den Zeitungen nicht über Gewalt berichtet wird. Ein Überfall auf ein Geschäft oder eine Tankstelle, ein Diebstahl auf der Straße, verbale oder körperliche Angriffe in der Straßenbahn oder auf einem Parkplatz, eine Schießerei oder Messerstecherei, eine Drohung. »Menschen haben eine kurze Zündschnur«, sagt man bei uns in Holland. Und in der Tat, Menschen sind schnell beleidigt, sie geraten leicht aus der Fassung, sie können unvermittelt und sehr aggressiv reagieren. Manche scheinen ihre Probleme an der erstbesten Person abzureagieren, die ihnen über den Weg läuft.

Zum Glück geht es auch anders. Es gibt Momente, in denen die Leute unbekümmert das Gute genießen, Momente, in denen eine eigenartige Verbrüderung stattfindet. Die Niederlande kennen mindestens drei solche Gelegenheiten.

Der jährliche *Königinnentag*, offiziell die Geburtstagsfeier der Königin, ist ein herrliches Volksfest, bei dem das ganze Land auf den Beinen ist. Die Straßen sind mit Menschen bevölkert, die sich mit den seltsamsten Arten von orangefarbener Kleidung ausstaffiert haben. In den Dörfern und Städten werden Flohmärkte organisiert, und Kinder verkaufen auf dem Bürgersteig ihr überflüssiges Spielzeug und andere Dinge. Es wird lange und ausgiebig gefeiert. In Amsterdam findet das traditionelle Grachtenkonzert statt. Die Mitglieder der niederländischen Königsfamilie fahren am Konzertabend unbekümmert durch die Grachten, und Tausende von Menschen auf den Straßen und Brücken jubeln ihnen zu. Es ist ein richtiger Feiertag, auf den wir uns riesig freuen. Einmal sagte ich sogar eine Einladung ab, an diesem Tag einen Vortrag in Deutschland zu halten, weil ich dieses Ereignis nicht verpassen wollte. Ich befürchte, dass man das bis heute nicht wirklich verstanden hat.

Eine andere solche Gelegenheit ist die *Elfstädtetour* in unserer nördlichsten Provinz Friesland. Diese Eislauftour kann nur stattfinden, wenn es richtig friert, so dass man auf Schlittschuhen über die gefrorenen Kanäle und Seen nacheinander elf friesische Städte anfahren kann. Wenn das Quecksilber deutlich unter null sinkt, bricht das Elfstädtefieber aus. Die Dicke des Eises wird mehrmals täglich gemessen und der Bevölkerung über die Nachrichtensendungen mitgeteilt. Im ganzen Land werden die Schlittschuhe vom Speicher geholt und geschliffen, »für den Fall, dass«. Es ist ein herrliches sportliches Ereignis, das am frühen Morgen in tiefster Dunkelheit beginnt und vor Mitternacht zu Ende sein muss. Eine harte Tour von zweihundert Kilometern.

Und schließlich die niederländische *Viertagestour*[2], ein jährlich stattfindendes internationales Ereignis in Nijmegen, an dem Tausende von Menschen teilnehmen, die von Tausenden anderen am Straßenrand oder über Zeitung, Radio oder Fernseher beobachtet werden. Die Viertagestour ist ein großartiges Schauspiel, ein sportlicher Wettkampf, an dem die seltsamsten Menschen teilnehmen. So wie der Mann, der die hundertzwanzig Kilometer auf Holzschuhen zurückgelegt hat, oder die Frau, die das auf Schuhen mit Plateausohlen tat. Die letzten Kilometer konnten sie nur noch hinken, und möglicherweise konnten sie noch wochenlang nach ihrer absurden Spitzenleistung keinen Schritt mehr tun, aber so etwas tut der Begeisterung keinen Abbruch.

Im Jahr 2007 lief eine Freundin von mir zum dritten Mal mit. Mit über zweiundvierzigtausend anderen aus siebenundsechzig Ländern. Vier Tage lang und dreißig Kilometer pro Tag. Mit der üblichen Krise am zweiten Tag. Aber ansonsten vor allem mit viel Freude. An der Geselligkeit. An den Geschichten. Und an den besonderen Menschen. So wie dem Mann mit dem steifen Bein, der fest entschlossen war, die Strecke zu schaffen. Oder dem Sechsundachtzigjährigen, der schon zum fünfzigsten (und, was ihn betraf, sicher nicht zum letzten!) Mal mitlief. Der Gruppe weißbehand-

2 Die Viertagestour ist die größte derartige Veranstaltung der Welt.

schuhter Japaner, fröhlich schwatzend in ihrer uns unbegreiflichen Sprache. Den Soldaten mit ihren »Knobelbechern« und ihrem schweren Gepäck. Alle mit *einem* Ziel und in ihrem Streben danach, dieses Ziel zu erreichen, seltsam einträchtig und herzlich im Umgagn miteinander.

Wie tut das gut, dieses gemeinsame Laufen! Dieses gemeinsame Bemühen um diese hundertzwanzig Kilometer. Wie tut das gut, diese »Zeugen« und Ermutiger am Wegrand. Straßen, in denen man ganze Bankgarnituren nach draußen geschleppt hat, eine Art erster Rang auf der öffentlichen Tribüne, die Bierkästen und Kaffeekannen in Reichweite. Die Altenheime, die ihre Einwohner ins Freie gebracht und mit ihren Rollstühlen oder ihren Betten auf den Gehsteig geschoben haben. Vier tolle Tage gegenseitiger Offenheit und vieler Gespräche. Und winken, winken! Menschen an der Strecke, die Wasser oder Gurkenscheiben austeilen. Ein junges Paar mit einem besonderen Angebot: »Brauchen Sie eine Umarmung oder eine Ermutigung? Wir stehen für Sie bereit!« Und ... die Sanitäter und Blasenaufstecher. Bereit, die Gefallenen wieder aufzurichten und die Hinkenden fachkundig von ihren Blasen zu befreien.

Es musste jeden Tag erreicht werden: das Finish. Und zwar innerhalb einer festgesetzten Zeit. Ungeachtet aller Müdigkeit. Ungeachtet der Überzeugung: Das schaffe ich nicht. Und dann am vierten Tag der Höhepunkt. Der Einzug durch die *Via Gladiola*, der Jubel der Zuschauer, die Aufmerksamkeit der Medien, die wartenden Freunde und Angehörigen, die Sträuße von Gladiolen (natürlich!) und anderen Blumen. Die Medaille, die Belohnung.

Es erinnert mich an den Wettlauf, der in der Bibel erwähnt wird. Auch dabei sind Durchhalten und Ausdauer gefragt. Auch dabei zieht man sich Blasen und andere Unannehmlichkeiten zu, auch dabei muss man sich selbst vor Augen halten, dass man das Finish nur erreicht, wenn man nicht aufgibt, sondern weiterläuft. Auch da gibt es Zeugen an der Strecke, die die Läufer ermutigen, nicht aufzugeben. Die Trost spenden oder weise Ratschläge erteilen. Aber anders als in Nijmegen geht uns bei diesem Wettlauf jemand voran, der zugleich auch mit uns geht und uns ermutigt und stärkt: Jesus Christus. Und bei diesem Rennen gibt es einen Preis zu gewinnen, der einen unvergänglichen Wert besitzt.

Lasst uns laufen mit Geduld in dem Kampf, der uns bestimmt ist.

Hebräer 12,1

Zwei Geizhälse vorm Spielzeugschrank

Es war das Jahr 1956, und unser Land wurde von einer Flüchtlingswelle aus Ungarn überspült. Tagtäglich wurden wir damit konfrontiert – mit den Berichten über die Revolution, die dort ausgebrochen war, und über die Menschenmassen, die in den Westen geflohen waren. In den Zeitungen waren Schwarz-Weiß-Fotos von Männern und Frauen in dicken Jacken abgedruckt, die kleine Kinder auf dem Arm oder an der Hand hielten und Koffer bei sich hatten, die randvoll waren mit dem, was man in aller Eile noch hatte hineinstopfen können. Ganz Holland nahm Anteil: Kirchen und Einzelpersonen sammelten spontan Lebensmittel, Kleidung, Spielzeug und andere Dinge, und man suchte Gastfamilien, die den Flüchtlingen eine erste Unterkunft anbieten konnten.

Meine Schwester und ich waren damals noch im Vorschulalter. Die Geschichten von den Menschen, die ihr Land von einem Tag auf den anderen verlassen hatten und nur das Allernotwendigste hatten mitnehmen können, fanden wir spannend und schrecklich zugleich. Dass Kinder, die so alt waren wie wir, kein Haus mehr hatten, in dem sie wohnen konnten, überstieg beinah unser Fassungsvermögen. Die Fotos von diesen Kindern, die an der Hand ihrer Mütter müde und verzweifelt in die Kameras blickten – was begriffen wir schon davon? Unsere kleine Welt war so sicher, wir waren geborgen in unserem warmen Nest. Der Spielzeugschrank war gefüllt. *Bis* – ja, bis zu jenem denkwürdigen Morgen, an dem meine Mutter uns eine große Schachtel gab und uns aufforderte, dort Spielsachen für die ungarischen Kinder hineinzulegen.

Es wurde Spielzeug gebraucht, sagte sie. Und Spielzeug hatten wir mehr als genug. Davon konnten wir leicht etwas abgeben. Ob wir uns also an die Arbeit machen würden? Sie hatte eine Schachtel für uns gefunden – ob wir so lieb wären, sie zu füllen? Dann könnten wir sie am Nachmittag selbst bei einer Sammelstelle abgeben. Wir nickten enthusiastisch und fühlten uns wichtig. Wir marschierten mit der Schachtel in unser Kinderzimmer und zum Spielzeugschrank. Dann wurde es schwierig.

Es ist Jahrzehnte her, aber ich sehe uns immer noch vor diesem Schrank sitzen. Einer unserer Brüder hatte ihn für uns gezimmert, es war ein kleiner zweitüriger Schrank, der zwischen unseren Betten an der Wand stand. Auf die Türen waren bunte Klebebildchen geklebt. Der obere Teil der Türen konnte ausgeklappt werden, dann hatte man einen richtigen Schreibtisch. Die untere Hälfte bestand aus Regalböden. Die waren vollgestopft mit Spielen, Malbüchern, Buntstiften, Puppengeschirr und allerlei anderen Dingen, die in wilder Unordnung durcheinanderlagen. Neben dem Schrank stand noch ein ganz kleines Schränkchen, das mein Bruder ebenfalls gebaut hatte. Es war ein Kleiderschrank für Puppenkleider; hinter zwei kleinen Türen befanden sich ein Regalbrett und eine Kleiderstange mit winzigen Kleiderbügeln, an denen die Puppenkleidchen hingen.

Wie gesagt, ich sehe uns heute noch dort sitzen. Die Schranktüren weit offen, wir davor auf dem Boden, die Schachtel zwischen uns. Wir begannen eifrig herumzukramen, aber schon bald wich unser Enthusiasmus einer anderen Empfindung. Während wir nach Dingen suchten, die wir weggeben konnten, packte uns ein eigenartiges Gefühl der Habsucht. Oder eigentlich der Entrüstung. Oder vielleicht einer Mischung von beidem. Es war doch undenkbar, dass wir uns von unserem kostbaren Spielzeug trennen sollten?

Sorgfältig durchstöberten wir den vollen Schrank und fanden dabei eigentlich nichts, das wegkonnte. Abgesehen von ein paar angenagten Buntstiftstummeln. Einem Malbuch, das schon fast vollgemalt war. Ein paar schmutzigen Kreidestückchen. Einer eingedellten Blechdose mit alten Glasmurmeln. Konnte die vielleicht weg? Und der alte Teddybär, den wir eigentlich nicht mehr anguckten? Der hellblaue Kamm? Ja, der konnte weg, der war sowieso nicht mehr so schön, dem fehlten ziemlich viele Zähne.

Es ging nicht vorwärts – auch als wir die Dinge mit gehörigem Abstand in der Schachtel ausbreiteten, war noch nicht einmal der Boden bedeckt. Es war unglaublich schwierig für uns, uns von irgendetwas zu trennen. Wenn die eine bereit war, etwas loszulassen, dann protestierte die andere dagegen. Wir beratschlagten, wir seufzten und stöhnten. Diese Kinder, die nichts besaßen, taten uns aufrichtig leid, aber wir selbst konnten im Grunde nichts entbehren.

Uns wurde abwechselnd heiß und kalt.

Ich weiß nicht, wie lange wir dort saßen, bis unsere Mutter ins Zimmer kam. Sie sah mit einem Blick, was die Stunde geschlagen hatte. Ihre Reaktion war umwerfend. »Wie wunderbar!«, rief sie strahlend. »Ich sehe schon, ihr habt damit angefangen, das herauszusuchen, was weggeworfen werden kann. Ich werde diese Schachtel gleich in den Abfalleimer kippen, und dann könnt ihr mit der richtigen Arbeit beginnen. Ich bringe euch gleich eine neue Schachtel. Die könnt ihr dann füllen, und legt auch beide *eine* Sache dazu, die ihr selbst sehr schön findet, dann können wir sicher sein, dass für das Kind, das die Schachtel bekommt, etwas ganz Besonderes dabei ist.« Unangebracht fröhlich lief sie aus dem Zimmer, während wir einem Nervenzusammenbruch nahe waren.

Was schließlich in dieser Schachtel gelandet ist, weiß ich nicht mehr. Was ich jedoch noch weiß, ist, dass wir still wurden und höchstens noch ein bisschen vor uns hingemurmelt, aber nicht mehr viel gesagt haben. Die Beharrlichkeit unserer Mutter erschreckte uns, und wir fühlten uns ertappt: Wir wollten die Schachtel zwar gern füllen, aber als es hart auf hart kam, gelang es uns nicht, uns von unserem Spielzeug zu trennen.

So klein wir auch waren, wir begriffen doch, dass es so nicht ging. Es war immer noch nicht einfach für uns, uns von unseren Sachen zu trennen, aber wir bewiesen beim zweiten Versuch doch mehr Tatkraft. Ich erinnere mich an den aufgeräumten, viel leereren Schrank und an das ganz spezielle Gefühl, das wir empfanden, als wir gemeinsam die volle Schachtel wegbrachten.

An jenem Nachmittag, der inzwischen mehr als ein halbes Jahrhundert zurückliegt, begann uns zu dämmern, was geben bedeutet.

... dass sie Gutes tun, reich werden an guten Werken, gerne geben ...

1. Timotheus 6,18

Robert

Bei Freunden von mir wird ein runder Geburtstag gefeiert. Es hatte ein Gartenfest werden sollen, mit allem Drum und Dran wie Lagerfeuer und Feuerwerk, aber all dies ist durch heftige Regenschauer buchstäblich ins Wasser gefallen. Das Zelt ist wegen der drohenden Windböen vorsichtshalber abgebaut worden, und die langen Tische, die dort für das Büffet bereitstanden, sind zusammengeklappt und in der Garage gestapelt worden. Nun stehen auf der Anrichte in der Küche bunte Schalen mit allerlei herrlichen Salaten, gebratenen Hähnchenschenkeln, neuen Kartoffeln und warmen Baguettes. Die Gäste schöpfen sich die Teller voll und sichern sich ein Plätzchen im Wohnzimmer, im Esszimmer oder auf dem Flur. Oder sie bleiben in der Küche hängen. Man spaziert hin und her und lässt es sich schmecken.

Als ich mit meinem Teller ins Wohnzimmer komme, treffe ich dort auf den Nachbarn der Gastgeberin. Bei Robert wurde vor Jahren ein Melanom am Bein entdeckt. Das wurde entfernt. Etwa ein Jahr später wurde ein zweites Melanom entdeckt, das ebenfalls entfernt wurde. Danach ging alles gut, aber vor ein paar Monaten bekam er Schmerzen in der Leistengegend, und vor drei Wochen hat eine ärztliche Untersuchung das nicht mehr Erwartete (aber doch noch Befürchtete) erwiesen: Der Krebs hat gestreut und es ist nichts mehr zu machen.

Als ich mich neben Robert aufs Sofa setze, tauschen wir erst die üblichen Allgemeinheiten aus: Schade, dass das schlechte Wetter das Gartenfest unmöglich gemacht hat. Enttäuschend für die Familie, die sich vollkommen darauf eingestellt hatte. Herrliche Salate. Nette Kinder, die sich so dafür eingesetzt haben, dass das Fest ihrer (Schwieger-)Mutter gelingt. Dann fasse ich Mut. »Ich habe gehört, dass du schlechte Nachrichten bekommen hast«, sage ich. Robert nickt. Er hockt etwas ungeschickt auf dem Sofa, offenbar hat er Schmerzen. »Hast du ständig Schmerzen?«, frage ich.

»Nein, nicht ständig«, sagt er. »Sie kommen und gehen. Ich leide vor allem nachts darunter und weiß nicht, wie ich mich hinlegen soll.«

Wir schweigen einen Moment. Dann sage ich: »Hast du Angst?« Sofort füllen sich seine Augen mit Tränen. »Ich bin fix und fertig«, sagt er. »Seit der Unheilsbotschaft vor drei Wochen bin ich völlig außer mir.« Und gleich darauf: »Weißt du, was nach dem Tod passiert? Ich meine, ich habe weniger Angst vor dem Sterben selbst als vor dem, was danach kommt. Und ich habe auch Angst wegen der Menschen, die ich lieb habe, wegen dem, was ich ihnen mit meiner Krankheit und mit meinem Sterben antue.«

»Was das Letzte betrifft«, sage ich, »das kann ich sehr gut nachvollziehen, aber gleichzeitig wird deine Frau es nicht anders wollen als dir nahe zu sein und für dich zu sorgen. Hat sie Menschen, mit denen sie reden kann, wenn sie das braucht?«

»Ja«, sagt er, »die hat sie. Wir beide reden oft miteinander darüber, aber sie kann auch mit anderen sprechen, unter anderem mit ein paar guten Freunden, die auch später für sie da sein werden. Aber ... was kommt nach dem Tod? Weißt du es?«

»Ich weiß etwas darüber«, sage ich, »wenn auch längst nicht alles. Aber ich klammere mich an demjenigen fest, der es weiß.« Ich sehe ihn an. »Bist du gläubig?«, frage ich. »Nein«, sagt er. »Ich bin nicht damit aufgewachsen und ich habe auch nie das Bedürfnis danach gehabt. Es wäre doch ein bisschen seltsam, wenn ich mich jetzt auf einmal dafür interessieren würde, wo mir das Wasser bis zum Hals steht.«

»Ich verstehe, was du meinst«, sage ich, »aber es ist doch anders. Der Gott, der dich geschaffen hat, wartet schon dein ganzes Leben lang auf dich. Und ob du nun früher kommst oder später – es geht darum, *dass* du kommst. Dass du ... nach Hause kommst, zu ihm. Dass du zurückkehrst zu deinen Wurzeln, Zuflucht nimmst bei deinem Schöpfer. Dich tragen lässt von seinen starken Armen, die nie zu kurz sind.«

Ich blicke mich um und sehe, dass das Zimmer leer ist. Offenbar haben die Gäste Mut gefasst und haben sich trotz des strömenden

Regens in den Garten gewagt, in der Hoffnung, das Lagerfeuer anzubekommen und ein paar Raketen in die Luft zu schießen. Währenddessen sitzen wir trocken und gemütlich in einem leeren Zimmer. Das ist nun, da das Gespräch solch eine persönliche Wendung genommen hat, umso besser.

»Was soll ich tun?«, sagt Robert jetzt. »Was muss ich tun, um diesen Glauben zu finden? Muss ich in die Kirche oder so?« Ich schüttle den Kopf. »Das nicht direkt«, sage ich. »Zuerst einmal reicht ein einfaches Gebet, in dem du Gott sagst, dass du ihm in deinem Herzen Raum gibst. Du kannst ihm dafür danken, dass sein Sohn Jesus auf diese Erde gekommen ist, um uns ihn, den Vater zu zeigen und um Menschen wie dich und mich von unserer Schuld zu befreien und zu ihm zu führen. Durch Jesus lernen wir das Herz Gottes kennen, erhalten Zugang zu ihm und gewinnen Sicherheit darüber, was nach diesem irdischen Leben geschieht. Das Wichtigste ist, dass wir dann bei ihm sein werden. Wie das genau aussieht, weiß ich nicht. Aber ich weiß, dass Jesus am Ende seines irdischen Lebens gesagt hat, dass er in den Himmel gehen wird, um dort einen Platz für seine Nachfolger bereit zu machen. Das genügt mir.«

Das Zimmer füllt sich mit den Hartgesottenen, die im Garten Wind und Wetter getrotzt haben, um das Lagerfeuer anzuzünden (und am Brennen zu halten) und Marshmallows zu rösten. Sie sind nass bis auf die Haut, aber sie haben eindeutig ihren Spaß gehabt. Roberts Frau kommt strahlend mit ihren durchweichten Sonntagsschühchen herein. Auf ihre Frage, ob Robert sich gut unterhalten hat, nickt er bestätigend. Es stellt sich heraus, dass noch ein paar andere drinnen geblieben sind, und die haben die Küche aufgeräumt und herrliche Desserts hervorgezaubert. Wir füllen gespülte Teller mit köstlichen britischen Süßigkeiten, die unseren Zahnschmelz auflösen. Und wir stimmen ein »Hoch soll sie leben« auf das Geburtstagskind an. Im Stillen wünsche ich das Robert auch – ein glückliches Leben, das lange, nein, ewig währt. Ein unzerstörbares Leben in der Gegenwart Gottes.

Euer Herz erschrecke nicht! Glaubt an Gott und glaubt an mich!

Johannes 14,1

(Ein paar Wochen nach unserer Begegnung ist Robert gestorben. Er hat seine Hoffnung auf Jesus gesetzt und in ihm Frieden gefunden.)

Eine Antenne für Gott

Eine ruhige Landstraße in Italien. Ich bin mit einer Freundin im Auto unterwegs. Es ist ein warmer Sommertag, wir haben die Fenster weit geöffnet und genießen die Landschaft. Sanfte Hügel, hier und da ein Weingut, Olivenhaine, ein dösender Hund auf den warmen Steinen einer ausgestorbenen Dorfstraße.

Wir fahren einen Hügel hinunter und erzählen ein bisschen miteinander. Doch dann werde ich von meiner Freundin unvermittelt zum Anhalten aufgefordert. Erstaunt tue ich, was sie sagt, ich trete auf die Bremse und bleibe mitten auf der Landstraße stehen. Als ich mich zu ihr umdrehe, um zu fragen, was der Grund für ihre Bitte ist, legt sie die Finger an die Lippen: »Psssst!« Dann streckt sie einen Zeigefinger in die Luft, um anzudeuten, dass ich horchen soll. Das tue ich, aber ich höre nichts anderes als das Rauschen von Bäumen und das Summen von Insekten.

»Ich habe eine Nachtigall gehört«, sagt meine Freundin dann. »Gerade, bevor ich dich gebeten habe anzuhalten. Lass uns kurz warten, dann hören wir sie bestimmt wieder.« Ich gucke sie sprachlos an. Wenn ich ehrlich bin, habe ich außer dem Brummen des Motors, dem Rauschen der Bäume am Wegrand und unseren eigenen Stimmen kein anderes Geräusch wahrgenommen. Wie ist es möglich, dass sie bei all diesen Hintergrundgeräuschen um uns herum noch eine Vogelstimme gehört hat und den fraglichen Vogel anhand seines Gesanges auch noch identifizieren konnte? Und worauf wartet sie jetzt eigentlich? Oder anders gesagt: Woher will sie wissen, ob er sich wirklich noch einmal melden wird? In diesem Moment fliegt ein seltsamer Vogel vorbei. Meine Freundin reißt die Augen auf. »Ein Wiedehopf«, sagt sie und vergisst vor lauter Begeisterung beinah, Luft zu holen. »Den habe ich noch nie in natura gesehen!«

Ich bin kein Stadtmensch, ich bilde mir ein, dass ich mich ziemlich gut in der Natur auskenne. Aber meine Freundin ist mir um Längen voraus, wenn es um die Vogelwelt geht. Sie erkennt Vögel nicht nur an ihrem Aussehen, sondern auch an ihrer Stimme. Und sie weiß mit absoluter Sicherheit, was der betreffende Gesang zu bedeuten hat – sie erkennt die Stimme eines Männchens, das sein Territorium verteidigt oder ein Weibchen zu erobern versucht, das Rufen eines Weibchens, das seine Brut vor einer drohenden Gefahr warnt, oder das Trällern eines Vogels, der aus purer Lebensfreude ein Liedchen schmettert.

Diese beinah märchenhafte Kenntnis der Vogelwelt ist meiner Freundin nicht in die Wiege gelegt worden oder irgendwann auf mysteriöse Weise in den Schoß gefallen, sie hat sich diese Kenntnis erworben. Mit Blut, Schweiß und Tränen. Genauer gesagt dadurch, dass sie stundenlang Vogelbücher studiert hat, viele Fotos und Zeichnungen von Vögeln angeschaut hat und regelmäßig mit Vogelführer, Fernglas und Notizbuch unterwegs gewesen ist. Sie hat viel Zeit in der freien Natur oder auf einem Ausguck verbracht und sie hat viel gewartet. Sie hat unendlich viel Geduld aufgebracht, um jenen einen bestimmten Vogel zu sehen zu bekommen, auch wenn es vielleicht nur für eine oder zwei Sekunden war, sie ist in aller Frühe aufgestanden in der Hoffnung, eine junge Eule ausfliegen zu sehen, sie hat Wind und Wetter getrotzt, um Zugvögel zu beobachten. Sie hat CDs mit Vogelstimmen gekauft und wieder und wieder angehört. Sie hat mit anderen Vogelexperten Erfahrungen ausgetauscht. Kurzum, sie hat viel investiert, um die Vogelwelt kennenzulernen, und hat sich angewöhnt und darin geübt, aufmerksam auf die Stimmen und das Verhalten von Vögeln zu achten. So hat sie im Laufe der Zeit eine besondere Antenne für Vögel entwickelt. So dass sie, wenn sie in einem fahrenden Auto sitzt und erzählt, eine Nachtigall singen hört. Und einen für uns Niederländer ziemlich ungewöhnlichen Vogel wie einen Wiedehopf sofort und ohne jeden Zweifel erkennt.

Dieses Erlebnis in Italien hat bei mir einiges bewirkt. Wenn ein Mensch eine Antenne für Vögel entwickeln kann, sollte er dann nicht auch eine Antenne für Gott entwickeln können? Anders gesagt: Könnte es möglich sein, eine gewisse Sensibilität für Gottes Handeln und Reden zu entwickeln? Sollten wir normalen Menschen es lernen können, in unserem normalen täglichen Leben inmitten all der Geräusche, die uns umgeben, seine Stimme zu erkennen? Sollten wir uns darin üben können zu verstehen, was er sagt? Ein faszinierender Gedanke!

Es gibt zahllose Bücher, von denen wir Menschen viel über die Vogelwelt lernen können, und ein großes und ausführliches (Hand-)Buch, die Bibel, das uns über Gottes Charakter, seine Handlungsweise und sein Reden aufklärt. Darüber hinaus haben wir in Jesus Christus das Ebenbild Gottes, des Vaters. Unser »Fernrohr« ist der Heilige Geist, der unseren Blick und unsere Perspektive verändert und uns Gottes Realität nahebringt. Bleibt noch das Üben, das Warten und das Erwarten. Das frühe Aufstehen, um vor dem tagtäglichen Lärm neue Laute zu entdecken und neue Eindrücke zu sammeln. Und das Stillstehen und Ausschauen und Ohrenspitzen, wenn wir etwas von seiner Anwesenheit erspüren.

Meine Seele wartet auf den Herrn mehr als die Wächter auf den Morgen; mehr als die Wächter auf den Morgen.

Psalm 130,6

Singend ins Krankenhaus

Sie ist gefallen, und weil ihr Allgemeinzustand zu wünschen übrig lässt, hält der Hausarzt eine Krankenhausaufnahme für erforderlich. Wir, drei Frauen aus ihrer Kirchengemeinde, sind frühmorgens bei ihr, um ein bisschen aufzuräumen und das eine oder andere in die rechten Bahnen zu lenken. Das Wissen, dass sie, die mittlerweile über neunzig Jahre alt ist, im Krankenhaus fachkundig behandelt und optimal versorgt werden wird, erleichtert uns alle. Wir stopfen ein paar Sachen in eine Reisetasche und warten das Weitere ab.

Seltsamerweise geschieht jedoch nichts. Der erwartete Anruf vom Krankenhaus oder einer anderen Einrichtung bleibt aus. Es ist inzwischen beinahe Mittag und wir rufen selbst an. Das bringt uns nicht weiter. Den Hausarzt erreichen wir nicht mehr. Die anderen Einrichtungen, die wir kontaktieren, schicken uns »von Pontius zu Pilatus«. Abgesehen von der Tatsache, dass niemand darüber informiert ist, dass unsere Freundin ins Krankenhaus eingewiesen werden soll, haben sie alle mit demselben Problem zu kämpfen: Personalmangel. Stundenlang tappen wir in einem Irrgarten von Organisationen herum, die alle ihr Bedauern über die seltsame Situation zum Ausdruck bringen, aber nichts für uns tun können. Inzwischen schließt ein Schalter nach dem anderen. Dass es um die soziale Betreuung in den Niederlanden schlecht bestellt ist, wussten wir schon lange. Aber dass es so schlecht darum steht? Es ist zum Verrücktwerden ...

Gegen zehn Uhr abends erreichen wir die Notfallambulanz eines Krankenhauses in der Nähe. Ein junger Arzt in Ausbildung erbarmt sich unserer Situation und kommt eine knappe Stunde später persönlich vorbei. Zu unserer Erleichterung bestellt er sofort einen Krankenwagen, der – o Wunder! – auch nicht lange auf sich warten lässt.

Trotzdem sind inzwischen zwölf Stunden vergangen seit dem morgendlichen Besuch des Hausarztes.

Die hochbetagte Patientin scheint unter der Verzögerung nicht zu leiden. Im Gegenteil, während die Stunden verstreichen, erholt sie sich zusehends durch all die Aufmerksamkeit und das Getue um sie herum. Immer wieder ergeht sie sich in Dankbekundungen und Halleluja-Rufen. Als die Sanitäter sie auf die Trage legen, erzählt sie ihnen strahlend, »dass der Herr so gut für mich sorgt«. Sie singt sogar ein Lied dabei: »Gott ist so gut, Gott ist so gut, Gott ist so gut, Gott ist so gut zu mir.«

Es ist eine seltsame Prozession, die da durch die langen Gänge des Pflegeheims zieht und dann nach einer kurzen Fahrt mit dem Krankenwagen bei der Notfallaufnahme des Krankenhauses ankommt. Eine Trage mit einer gebrechlichen alten Dame, die hellwach ist. Die den Sanitätern, den Krankenschwestern, den Ärzten, die sie untersuchen kommen, immer wieder persönlich dankt und Mut zuspricht. Die mit Worten und Liedern zum Ausdruck bringt, wie dankbar sie Gott ist. Die uns mit viel Humor und schelmischem Lächeln von ihrem bewegten Leben erzählt, das sie unter anderem in die Missionsarbeit in die Schweiz geführt hat. In einem kühlen Untersuchungszimmer mit grellen Neonlampen genießen wir ihre Geschichten.

Um etwa ein Uhr morgens stellt eine junge Ärztin der alten Dame während einer Untersuchung die vorgeschriebene Frage nach ihrem Wunsch im Falle eines Herzstillstandes. Frau K. denkt kurz nach, dann begreift sie, worum es geht. Sie beginnt zu strahlen. »Nein, mein Kind«, sagt sie. »Wiederbeleben tun wir nicht. Ich habe ein schönes Leben gehabt und ich freue mich darauf, bald zu meinem Herrn zu gehen.« Dann singt sie ein Lied, in dem es um die himmlische Zukunft der Gläubigen geht. Die Ärztin, mit Formular und Stift in der Hand, lässt sie ganz zu Ende singen. Wir tun alle miteinander so, als würden wir ihre Tränen nicht sehen.

Eine knappe Dreiviertelstunde später wird uns mitgeteilt, dass das Krankenhaus, in dem wir uns befinden, einen Aufnahmestopp verfügt hat: Es gibt kein Bett für unsere Freundin. Der diensthabende Arzt entschuldigt sich für diese peinliche Situation und verspricht uns, sein Bestes zu tun, um die Patientin woanders unterzubringen. Ergeben schließen wir uns der Reihe der Wartenden an: drei Tragen mit Menschen, die ebenso wie unsere Freundin auf ein Krankenhausbett warten.

Um halb drei bekommen wir grünes Licht und einen neuen Krankenwagen, der uns in eine Klinik in einer anderen Stadt bringt, wo man ein Bett für sie hat. Dort beginnen etwa eine Dreiviertelstunde später all die Untersuchungen, die wir eben in dem anderen Krankenhaus hinter uns gebracht haben, von vorn. Während wir müde an der Wand lehnen und ein junger Assistenzarzt, der angepiept wurde, um ein EKG zu machen, mit vom Schlaf geröteten Wangen hereinstolpert, lobt unsere tapfere Patientin immer noch fröhlich die netten Krankenschwestern und Ärzte und bedankt sich bei ihnen. Es kommt keine Klage über ihre Lippen wegen der langen Warterei oder der Wiederholung der entnervenden Untersuchungen, die sie erst vor ein paar Stunden über sich ergehen lassen musste. Stattdessen zeigt sie aufrichtiges Interesse an den Menschen, die ihr Fragen stellen, mit Lämpchen in ihre Augen leuchten, auf ihren Bauch klopfen und eine Vene suchen, um eine Infusionsnadel zu legen. Ab und zu schließt sie die Augen, dann wieder singt oder summt sie ein Lied. Das letzte Lied, das sie – direkt vor unserem Abschied um halb fünf Uhr morgens – zu Gehör bringt, ist: »Sollt ich meinem Gott nicht singen? Sollt ich ihm nicht dankbar sein?«. Singen, so sagt sie uns, ist viel besser als jammern. Und Gott zu loben für all das Gute, das er uns schenkt, bringt einen Menschen viel weiter, als sich über Schwierigkeiten zu ärgern. Sie schärft uns ein, uns keine Sorgen um sie zu machen, und winkt uns von ihrem Bett im Untersuchungsraum aus zu.

Wir fahren über ausgestorbene Straßen nach Hause. Gegen fünf Uhr liege ich im Bett. Es wird schon hell, und die ersten Vögel stimmen ihr Morgenlied an. Ein neuerlicher Lobgesang auf den Schöpfer.

Ein fröhliches Herz tut dem Leibe wohl;
aber ein betrübtes Gemüt lässt das Gebein verdorren.

Sprüche 17,23

Big Business

Ein sonniger Frühlingstag in einem südeuropäischen Land. Im Anschluss an eine Konferenz bleibe ich noch ein paar Tage auf einer der Inseln vor der Küste. Nach einem Spaziergang bin ich in ein Gartenlokal eingekehrt, das an einer Bucht liegt. Es ist ein herrliches Fleckchen. An der mir gegenüberliegenden Seite der Bucht sind die Hügel mit Nadelwäldern bedeckt. Hier und da ist ein einzelnes Haus zu sehen. Links von mir liegt ein Dorf, rechts erheben sich die kahlen Bergrücken, die die Küste des Festlandes umsäumen. Es ist wohltuend ruhig, in dem kleinen Hafen schaukeln einfache, farblose Fischerboote neben schönen Luxusjachten auf dem Wasser. Die *Susi II* unter österreichischer Flagge, die *Ida*, die *Fortuna*, die *Matilda*, die *Only You*.

Ein blasser Mann mit rötlichem Haar putzt andächtig die Reling seiner Jacht. Eine Frau, die ihr Haar zu einem Pferdeschwanz gebunden hat, reibt sich die Beine mit Sonnencreme ein. Am Ufer sind zwei Kinder mit einem Netz auf Schmetterlingsjagd.

Plötzlich ist es mit der Stille auf der Terrasse vorbei. Zwei Männer nehmen am Tisch neben mir Platz. Sie sind in den Vierzigern und sportlich-chic gekleidet. Der eine, der sein Handy ans Ohr hält und lebhaft (und laut) mit irgendjemandem telefoniert, trägt eine kakifarbene Hose und ein hellgelbes Polohemd. Einen roten Kaschmirpulli hat er nonchalant um seine Schultern drapiert. Der andere Mann trägt eine dunkle Hose, ein Oberhemd mit offenem Kragen und ein Lederjäckchen. Große dunkle Sonnenbrillen verbergen ihre Augen.

Das Telefongespräch wird beendet, das Handy auf den Tisch gelegt, und es wird Kaffee bestellt. Der Mann, der das Wort führt, muss von hier sein, denn der Restaurantbesitzer kommt extra nach draußen und begrüßt ihn mit einem herzlichen Händedruck. Dem Mann im Lederjäckchen wird diese Ehre nicht zuteil, er ist offenbar nicht bekannt, ein Fremder, der nicht aus dem Dorf stammt.

Als der Restaurantbesitzer wieder nach drinnen gegangen ist, ergreift der Mann mit dem roten Pulli das Wort. »Die Umgebung ist perfekt, es wird überhaupt kein Problem sein, hier Apartments zu verkaufen. Die Insel ist reizvoll; das Wasser ist angenehm und diese Bucht ist eine Art tolles Hallenbad.« Er macht eine ausholende Geste über den Hafen zur gegenüberliegenden Seite der Bucht. Dann klingelt sein Telefon. Er wirft einen Blick auf die Rufnummernanzeige und reagiert sofort. Während er redet, macht er sich Notizen in seinen *Blackberry*.[3]

Als auch dieses Telefongespräch beendet ist, stellt der Mann mit dem Lederjäckchen eine Frage: »Wie willst du die Apartments an den Mann bringen?« Sein Englisch hat einen schweren Akzent und verrät seine – so vermute ich – osteuropäische, möglicherweise polnische Herkunft. »Wir arbeiten vor allem über Internet«, sagt sein Gegenüber. »Es gibt unzählige Sites mit Angeboten für Leute, die ein Ferienhaus suchen. Diese Apartments bringen mit Leichtigkeit 1 500 bis 2 000 Euro Miete im Monat, also ...« Es wird einen Moment still, dann reagiert der Mann im Lederjäckchen. »Was sollen sie kosten?« Die Antwort kommt sofort. »Es gibt zwei Kategorien – die eine um die 180 000, die andere etwa 195 000 Euro.«

Nun herrscht Schweigen. Ich werfe einen kurzen Blick auf die beiden Männer. Der Mann im roten Pulli bekommt eine SMS. Sein Gast nippt an seinem Kaffee und starrt über das Wasser. Ob er dabei ist, die Kosten zu überschlagen? Will er selbst ein Apartment erwerben oder vertritt er einen potenziellen Käufer? Ich merke schnell, dass ich in viel zu kleinen Dimensionen denke. Als der Mann im roten Pulli eine kurze Nachricht eingetippt und versandt hat, kommt er mit einem überraschenden Vorschlag: »Wenn ich nun fünfzig Apartments nehme und du auch fünfzig?« Der Mann im Lederjäckchen nickt. »Wie sieht es mit deiner Provision aus?«, fragt er. Ich rücke ein bisschen auf meinem Stuhl zur Seite und sehe aus dem Augenwinkel gerade noch, wie sein Gesprächspartner sich die Lippen mit der Zunge befeuchtet.

---

3 Ein elektronisches Notizbuch, das unter Geschäftsleuten immer beliebter wird.

»Viereinhalb Prozent«, sagt er. »Das ist hier üblich, viereinhalb oder fünf.«

Ich kann es nicht lassen und stelle in Gedanken schnelle Berechnungen an, wobei ich mit den vielen Nullen vor dem Komma zu kämpfen habe. Neben mir gehen Millionen Euro über den Tisch, aber das scheint diese Herren kaum zu berühren. Der Einheimische lehnt sich nonchalant auf seinem Stuhl zurück, der Mann mit dem schweren Akzent legt die Hand über seine Kaffeetasse. »Was ist jetzt der nächste Schritt?«, fragt er beinah achtlos. Sein Kamerad richtet sich auf. »Ich lasse einen Vertrag aufsetzen und schicke ihn dir zu, und dann unterschreibst du.«

»Alles klar«, lautet die Antwort. »Aber mach es nicht zu kompliziert, bloß ein paar Sätze, kein großes Drumherum.« Ich muss schlucken. Bloß ein paar Sätze ...! Fünfzig Apartments, hundert Apartments, als ob es nichts wäre.

Der Deal ist abgeschlossen. Es werden ein paar Notizen in den *Blackberry* eingegeben, dann stehen die Männer auf. »Ich zahl dir den Kaffee«, sagt der Einheimische. »Wir werden uns in Zukunft öfter begegnen, das nächste Mal zahlst du.« Er legt achtlos ein paar Geldscheine auf den Tisch und gibt seinem neuen Geschäftspartner die Hand. Nach drei Schritten trennen sich ihre Wege, und jeder geht zu seinem eigenen Auto. Der Mann im roten Pulli telefoniert schon wieder. Sein neuer Kompagnon wird zweifellos sein Handy hervorziehen, sobald er in seinem eigenen Auto sitzt. Es muss doch jemanden geben, dem er erzählt, dass er gerade zugesagt hat, fünfzig Apartments zu kaufen.

Noch ein bisschen benommen von dem großen Deal, der eben neben mir abgeschlossen wurde, bitte ich den Kellner um die Rechnung. Es stehen ein Cappuccino und eine Flasche destilliertes Wasser darauf, das macht zusammen etwa drei Euro. Bestimmt kein großer Deal. Aber ich habe einen herrlichen Nachmittag gehabt. Ich habe die prächtige Aussicht genossen, die ausgedehnten Nadelwälder, die an den Hügel geschmiegten Häuser, die schaukelnden Boote in dem kleinen Hafen.

Ich habe dieses kleine Fleckchen Erde genossen, so unberührt, so still. Aber das Gespräch am Tisch hat mich wachgerüttelt. Es wird hier bald vorbei sein mit der Ruhe, das urwüchsige Dorf wird hinter hohen Apartmenthäusern verschwinden. Erst als ich zurückgehe zu meinem Auto, sehe ich den Kipplader, der schon vorher dort gestanden haben muss, jetzt jedoch bemannt ist. Mit ohrenbetäubendem Getöse wird Kies abgeladen für einen großen Parkplatz direkt am Hafen. Dort ist schon ein Schild aufgestellt, auf dem ein Reisebus abgebildet ist.

Der Mann mit dem rötlichen Haar ist verschwunden, die Reling seines Bootes glänzt wie ein Spiegel. Die Frau mit dem Pferdeschwanz hat ihren Platz in der Sonne verlassen, sie ist wahrscheinlich unter Deck gegangen. Die Kinder mit dem Schmetterlingsnetz haben eine Hummel gefangen. Während der Junge das Netz auf den Boden drückt, ist das Mädchen damit beschäftigt, das wild summende Insekt unter seinem Schuh zu zerquetschen.

Wie gar nichts sind alle Menschen, die doch so sicher leben. Sie gehen daher wie ein Schatten und machen sich viel vergebliche Unruhe; sie sammeln und wissen nicht, wer es einbringen wird.

Psalm 39,6-7

Verabredung von höherer Hand

Es war nach einem Einkehrwochenende in England. Als unsere englischen Freunde meine Reisegefährtin und mich zum Flugplatz brachten, ließen wir nicht zu, dass sie das Auto parkten und uns begleiteten. Es war schon spät und sie mussten noch weiter; wir würden uns schon zurechtfinden. Wir winkten ihnen also zum Abschied fröhlich zu und machten uns auf den Weg zum Schalter, um einzuchecken. Dort bekamen wir zu hören, dass unser Flug nach Amsterdam gecancelt war, weil Schiphol in dichten Nebel gehüllt war. Nun war guter Rat teuer. Unsere Freunde waren inzwischen schon eine ganze Strecke gefahren und wir hatten nicht den Mut, ihnen nachzutelefonieren, um ihnen mitzuteilen, dass wir gestrandet waren. Nach den Einkehrtagen waren alle darauf eingestellt, nach Hause zu fahren und das normale Alltagsleben wieder aufzunehmen. Uns ging es genauso, auch wenn wir fanden, dass das »normale Alltagsleben« sich uns ziemlich schnell und heftig aufdrängte, indem es uns an diesem Abend auf einem Flugplatz in England stranden ließ.

Wir taten ein Telefonbuch auf und verbrachten in der Folge ziemlich viel Zeit damit, Hotels anzurufen, die alle ausgebucht waren. Schließlich fanden wir ein *Bed and Breakfast*, das uns ein Zimmer für eine Nacht anbieten konnte. Wir hatten eigentlich keine Ahnung, wo der Herr, der mit uns sprach, wohnte, aber wir glaubten seiner Zusicherung, dass es nicht weit sei. Ein freundlicher Taxifahrer fuhr uns durch die pechschwarze Nacht zu einem Haus mitten auf dem Land. Wenn er uns beim Aussteigen nicht mit seinen Scheinwerfern geleuchtet hätte, hätten wir die Tür nie gefunden.

Am nächsten Morgen erwachten wir in einem idyllischen Cottage mitten in einer herrlichen Landschaft. Unser Gastgeber führte uns zum Frühstücksraum, wo wir an einem großen Tisch Platz nahmen. Dort saß ein Herr in einem Nadelstreifenanzug, der, wie sich später herausstellte, ein Stammgast war. Er war aus beruflichen Gründen gezwungen, die Woche über in dem *B & B* zu übernachten, und konnte nur am Wochenende zu Hause sein.

Wir begrüßten einander, holten uns ein Glas Orangensaft und eine Schüssel Cornflakes vom Büffet und teilten unserem Gastgeber unsere weiteren Frühstückswünsche mit.

Während der Mann im Nadelstreifenanzug seine Toastbrote verzehrte, schwiegen wir einen Moment, um im Stillen kurz für den sicheren Schlafplatz und das Frühstück zu danken. Als wir unsere Augen öffneten, legte unser Tischgenosse seinen Toast auf den Teller und sagte: »Das erlebe ich nicht oft, dass Leute vorm Essen beten.« Ich dachte kurz nach und sagte dann: »Ist das nicht eigentlich seltsam, wenn man bedenkt, wie wunderbar es ist, dass die Felder Getreide und die Bäume Früchte hervorbringen? Darüber denken wir oft gar nicht mehr nach. Dass es einen Schöpfer gibt, der für uns sorgt.«

Der Mann nickte. »Wir sind vor Kurzem umgezogen«, sagte er. »Als wir an unserem neuen Wohnort eine Schule für die Kinder suchten, fiel unsere Wahl auf eine christliche Schule, weil die Ausbildung dort besser ist als in den anderen Schulen in der Umgebung. Wir haben dann gedacht, dass es eigentlich nicht in Ordnung ist, wenn wir von dieser christlichen Schule profitieren, ohne uns um die Kirche dort am Ort zu kümmern. Als wir Kontakt zu ihr aufnahmen, wurden wir dazu eingeladen, an einem Alpha-Kurs teilzunehmen. Meine Frau hat die Einladung angenommen; mir war das nicht möglich, weil ich seit unserem Umzug nur am Wochenende zu Hause bin und unter der Woche hier wohne.«

In diesem Moment kam unser Gastgeber mit einer Kanne Kaffee, Toast und unseren Spiegeleiern mit Speck und Tomaten herein. Ob wir sonst noch einen Wunsch hätten? Wir dankten ihm, wir waren rundum zufrieden.

Sobald er aus dem Zimmer war, ergriff unser Tischgefährte von Neuem das Wort. »Eines Freitagabends«, sagte er, »als ich nach Hause kam, parkte ich gleichzeitig mit meiner Frau in der Einfahrt vor unserem Haus. Als wir aus unseren Autos stiegen, war das Erste, was sie sagte: »Ich muss dir etwas erzählen. Es ist etwas ganz Tolles passiert. Ich bin in dem Alpha-Kurs Christ geworden ...!«

Meine Gabel mit dem Stückchen Speck, das darauf gespießt war, blieb in der Luft hängen. »Wow!«, sagte ich. »Das war ja eine ganz erstaunliche Begrüßung!«

»In der Tat«, sagte der Mann. »Wenn ich mit allem gerechnet hätte, aber nicht damit!«

Es blieb einen Moment still.

»Und?«, sagte ich dann. »Dann hat sich seitdem sicher einiges verändert ... zu Hause, in der Familie, vielleicht auch in Ihrer Ehe?«

Da geschah es. Der feine Herr in dem Nadelstreifenanzug begann haltlos zu schluchzen, die Tränen liefen ihm über die Wangen. Meine Reisegefährtin und ich sahen einander erschrocken an und blickten dann auf unsere Teller. In diesem Augenblick ging die Tür auf, und unser Wirt kam mit einer Ladung frischer Toastbrote herein. Als er seinen Stammgast weinen sah, kam er völlig aus dem Gleichgewicht. Er versuchte zwar Haltung zu bewahren, aber aus seinem Blick sprach Entsetzen. Ziemlich zittrig stellte er die Toastbrote auf den Tisch, murmelte irgendetwas und zog sich verschüchtert zurück. Ob er sich fragte, was seine beiden niederländischen Gäste angestellt hatten?

Unser Tischgenosse schnäuzte sich lautstark die Nase. »Bitte entschuldigen Sie«, sagte er. »Sie haben gefragt, ob sich viel verändert hat, seit meine Frau Christ geworden ist. Nun, *alles* hat sich verändert. Ich mich auch. Wir haben ein ganz anderes Leben bekommen, eine ganz neue Sichtweise. Uns sind die Augen geöffnet worden für Dinge, die wir bisher nie beachtet hatten. Jetzt ist der Glaube unser Halt geworden. Wir beten zusammen, wir lesen in der Bibel, wir gehen in die Kirche. Es ist Frieden. Früher war die Arbeit mein Ein und Alles, und jetzt freue ich mich darauf, am Wochenende nach Hause zu kommen und bei meiner Frau und meinen Kindern zu sein.«

Es wurde von draußen an die Tür geklopft. »Das Taxi für die niederländischen Damen ist da«, rief unser Wirt, der sich offensichtlich nicht mehr hereinwagte. »Wir haben Ihre Koffer schon hineingelegt.«

Wir tranken einen letzten Schluck Kaffee und verabschiedeten uns ein bisschen überstürzt von unserem neuen Freund. Der putzte sich die Brillengläser, gab uns seine Visitenkarte und dankte uns für das Gespräch. Am Taxi stand unser Gastgeber. »Gute Reise«, sagte er. »Und wenn der Flug immer noch nicht freigegeben wird, kommen Sie einfach zurück.« Ich vermute, dass er das in Anbetracht des seltsamen Vorfalls beim Frühstück nicht wirklich meinte. Und ich vermute auch, dass er noch ein bisschen gewartet hat, bis er sich wieder ins Frühstückszimmer wagte.

Als ich wieder zu Hause war, schickte ich meinen englischen Freunden eine Mail. Sie haben Kontakt mit unserem Tischgenossen aufgenommen und ihn zu einem Treffen christlicher Geschäftsleute in der Stadt eingeladen, in der er arbeitet. Er muss sehr enthusiastisch darauf reagiert haben.

Was ein stilles Dankgebet am Tisch nicht alles bewirken kann ...

Denn bei dir ist die Quelle des Lebens ...

Psalm 36,10

Und dann stehst du da!

Es ist schon wieder ein paar Jahre her. Ich wurde gebeten, einen Beitrag für ein Buch mit dem Titel »Schriftsteller über Gott« zu schreiben. Es ging, wie schon der Titel andeutet, um Gedanken christlicher Schriftsteller zum Thema Gott.

Ich fand das nicht einfach, aber ich nahm die Herausforderung an. Ich bekam Hilfe von unerwarteter Seite, als ich mich einer äußerst schmerzhaften Behandlung bei einem Kieferchirurgen unterziehen musste. Im kritischsten Moment, als meine Hände schweißnass waren und Sprechen völlig unmöglich war, stellte der Chirurg mir eine Frage über meinen Glauben. Es war eine besonders frustrierende Situation, weil ich kein Wort herausbringen konnte. Die Themen, die der Mann mit Skalpell und Bohrer aufs Tapet brachte, haben mich jedoch sehr nachdenklich gemacht und sind dem betreffenden Büchlein zugutegekommen. Noch am selben Nachmittag saß ich mit pochenden Kiefern am Computer.

Ich schickte meinen Beitrag rechtzeitig ein und wartete dann ab. Der Herausgeber hatte den Autoren, die mitgearbeitet hatten, in Aussicht gestellt, dass sie beim Erscheinen des Buches ein Geschenkexemplar erhalten sollten. Ich freute mich darauf; es ist immer wieder schön, wenn man das Endergebnis seiner Bemühungen sehen darf.

Leider wurde meine freudige Erwartung enttäuscht, denn mein Geschenkexemplar kam niemals an. Ich ging mehrere Male vergeblich zum Briefkasten, ließ die Sache ein bisschen ruhen, doch dann konnte ich meine Neugier nicht länger bezwingen und fragte beim Verlag nach. Dort stellte sich heraus, dass das Buch schon vor einiger Zeit verschickt worden war, dass jedoch beim Adressieren meines Päckchens etwas schiefgegangen war. Man hatte zwar die richtige Straße, aber die falsche Hausnummer benutzt. Das Päckchen musste also einfach ein paar Häuser weiter abgeliefert worden sein.

Ich zog meine Jacke an und spazierte frohgemut und voller Erwartung zu der betreffenden Adresse und klingelte. Es dauerte einen

Moment, dann öffnete ein Herr in Arbeitskleidung die Tür – nur einen kleinen Spalt breit. Ich stellte mich vor, erzählte ihm, in welchem Haus ich wohnte, und sagte, dass vermutlich ein Päckchen für mich bei ihm gelandet war. Er musste kurz nachdenken, aber dann ging ihm ein Licht auf. »In der Tat«, sagte er. »Das Päckchen war vor einer Woche oder so bei uns im Briefkasten. Es war ein nettes Büchlein darin, ich habe es mit Vergnügen gelesen.«

Ich schwieg einen Moment, weil die Antwort mich ein bisschen überraschte und ich zudem einen weiteren Satz erwartete. So etwas wie: »Ich gehe Ihnen das Buch eben holen.« Als dieser Satz jedoch ausblieb und die Tür sich wieder zu schließen begann, fragte ich hastig (und höflich), ob er denke, dass er das Büchlein noch finden könne. Er sah mich ausdruckslos an und zuckte die Achseln.

»Das nicht«, sagte er. »Wir sind gerade am Renovieren, und ich finde das auch nicht nötig. Wenn die Post hier etwas abgibt, betrachte ich es als mein gutes Recht, das zu behalten.«

»Auch wenn es falsch zugestellt wurde ...?«, begann ich.

»Auch dann«, sagte der Mann. Und fügte noch eine vernichtende Bemerkung an: »Hier wird öfter mal was für Sie abgegeben.« Nach diesen Worten machte er Anstalten, die Haustür definitiv zu schließen.

Ich blieb reglos stehen, so verdutzt, dass ich kein Wort herausbrachte. Dann drehte ich mich um und begann zur Straße zurückzugehen. Es schien mir nicht sinnvoll, es auf eine Diskussion anzulegen, und außerdem war ich völlig verdattert.

Doch dann kam die Krönung. Ich war beinah am Gartentor, als der Mann sich noch einmal meldete. »Ein nettes Büchlein«, rief er mir durch den Spalt der nun beinah geschlossenen Tür zu. »Christlich! Hat mich sehr interessiert, ich bin auch in der Kirche engagiert!«

Ich bin mit geradem Rücken den Gartenweg entlanggegangen, habe mich nicht mehr umgeschaut und auch nicht mehr reagiert. Zu Hause habe ich den Herausgeber angerufen und ihm die Geschichte erzählt. Er hat mir ein neues Buch geschickt. Ich habe es selbstverständlich behalten, nicht nur, weil es an meine Adresse geschickt wurde, sondern auch, weil mein Name auf dem Päckchen stand und es somit für mich bestimmt war.

Dieses Erlebnis ist mir lange nachgegangen. Seltsam eigentlich, dass ich immer noch nicht ganz darüber hinweg bin. Vielleicht muss ich doch noch mal bei diesem Herrn vorbeischauen. Nicht, um alte Kamellen aufzuwärmen, sondern um ihm ein Exemplar dieses Büchleins hier zu geben. Wer weiß, vielleicht wird er das auch mit Vergnügen lesen?

Behüte dein Herz mit allem Fleiß, denn daraus quillt das Leben.

Sprüche 4,23

Gott befohlen!

Sie ist siebzehn und hat gerade die mittlere Reife bestanden, eine hübsche junge Frau mit dunklen Locken. Strahlend kommt sie im Gottesdienst mit zwei anderen jungen Leuten, die eben ihre Ausbildung abgeschlossen haben, nach vorn und bekommt vom Gemeindeleiter einen Blumenstrauß überreicht.

Marsha hat großartige Pläne. Vor zwei Jahren ist sie bei einem Kennenlernwochenende der Missionsgesellschaft »Operation Mobilisation« gewesen und dort hat sie sich für die Arbeit begeistert, die diese Organisation mit Missionsschiffen tut. In ihrem ersten Newsletter an Verwandte, Freunde und Gemeindemitglieder schreibt sie von dem »supertollen Wochenende«, das sie erlebt hat, und von ihrer Sehnsucht danach, selbst an Bord eines dieser Schiffe Gott dienen zu dürfen. Inzwischen hat sie erneut Kontakt zu »Operation Mobilisation« aufgenommen und dieses Verlangen zum Ausdruck gebracht. Es hat ein Orientierungsgespräch stattgefunden und sie hat an einem Missionswochenende von OM teilgenommen. Dort hat sie viel gelernt und Menschen kennengelernt, die ebenso wie sie hoffen, für zwei Jahre an Bord zu gehen.

Bis jetzt hat sie etwa sechzig Euro im Monat zur Verfügung gehabt, die sie von ihren Eltern als Taschen- und Kleidergeld bekommen hat. Darüber hinaus hat sie rund hundert Euro monatlich mit kleinen Nebenjobs wie Babysitten verdient. Bald wird das ganz anders. Die jungen Leute, die auf den OM-Schiffen mitfahren, bekommen nicht mehr als zwanzig Euro Taschengeld im Monat. Natürlich gibt es auf einem Schiff nicht viele Gelegenheiten, Geld auszugeben, aber zwanzig Euro sind für einen jungen Menschen doch ein Klacks. Außerdem müssen sie äußerst schwer dafür arbeiten, denn wenn man auf einem Missionsschiff anheuert, wird erwartet, dass man die Ärmel aufkrempelt.

In Gedanken höre ich ihre Altersgenossen rufen: »Waaaaas? Das ist doch nicht dein Ernst! Zwanzig Euro für vier Wochen Knochenarbeit? Du hast sie doch nicht mehr alle, das ist nicht normal!« Nein, das ist alles andere als normal. Und es kommt noch unglaublicher, denn es wird von den Teilnehmern ein monatlicher Beitrag von achthundert Euro verlangt. Es scheint ein bisschen »verkehrte Welt«. Während ein junger Mensch normalerweise erst einmal fragt, was eine bestimmte Arbeit »bringt«, und dann gut darüber nachdenkt, ob das die Mühe lohnt, krempeln die jungen Leute auf den OM-Schiffen freiwillig die Ärmel hoch und bezahlen sogar noch Geld dafür.

Es wird sicher wunderbar werden. Sie wird zweifellos wertvolle Lektionen lernen und großartige Erfahrungen mit all diesen jungen Menschen aus verschiedenen Ländern machen, sie wird Fremdsprachen lernen und viel von der Welt sehen. Aber manches wird auch schwierig werden – die fehlenden Rückzugsmöglichkeiten und die Reibereien und Spannungen, die unvermeidlich sind, wenn man auf so engem Raum zusammenlebt. Die Nervosität, wenn Dinge von ihr verlangt werden, die sie noch nie getan hat (und in einer anderen Situation vielleicht auch nie getan hätte). Die Arbeit wird ihr auch nicht immer leichtfallen, es geht auch auf einem Missionsschiff recht irdisch zu: Man muss ordentlich zupacken in der Küche oder in der Wäscherei, in den Sanitäranlagen, draußen an Deck oder in dem riesigen Buchladen.

Verglichen mit der Situation vor zweitausend Jahren, als der Apostel Paulus mit einem Segelschiff unterwegs war, ist das Leben an Bord der *LOGOS Hope* ein Stück luxuriöser. Bei Paulus gab es an Bord keine Küche oder Kantine, und zum Schlafen legte man sich einen alten Lappen unter den Kopf. Es gab keine Waschmaschine, die schmutzigen T-Shirts wurden wahrscheinlich kurz durchs Meerwasser gezogen und wieder angezogen. Es gab auch nicht die Möglichkeit, eben ins Internet zu gehen, eine Mail zu schicken oder über Handy Kontakt mit der Heimat aufzunehmen. Oder in einer Notlage andere Schiffe zu benachrichtigen. Und doch ist der Unterschied zwischen damals und heute nicht so groß, wie es auf den ersten Blick scheint. Diese beiden Menschen teilen die Erfahrung, ein neues Abenteuer zu erleben, Abschied zu nehmen und zu verzichten. Sie haben Stürme zu bestehen, Wasser zu schöpfen und Decks zu schrubben. Sie müssen abwarten, wie man auf sie reagiert, wie sie in diesem oder jenem Hafen empfangen werden, was sie auf dem Festland erleben. Der Paulus, der sich vor zweitausend Jahren aufs offene Meer hinauswagte, war von Natur aus kein Seebär, sondern ein Rechtsgelehrter. Diese junge Frau hat gerade die Schule abgeschlossen und verlässt ihr sicheres Elternhaus, um an Bord der *LOGOS Hope* zu gehen. Kurz gesagt: Für Paulus war das ein großer Schritt und für diese junge Frau ist das ebenfalls ein großer Schritt.

Wie gut, dass es sie gibt, diese Schiffe und diese Menschen. Und vor allem: dieses Evangelium, das sie in diese Welt tragen. Die beste Botschaft, die es gibt. Gott befohlen, Marsha!

Wie lieblich sind die Füße der Freudenboten, die das Gute verkündigen!

Römer 10,15

Du sollst nicht stehlen

In der Woche, als ich eingeladen war, in einer mittelgroßen Stadt in Deutschland einen Vortrag zu halten, erschien in einer dortigen Lokalzeitung ein kurzer Artikel über eine Umfrage, die die Zeitschrift *Playboy* durchgeführt hatte. Dabei ging es darum, welche Meinung die (tausend) Befragten zu den Zehn Geboten hatten.

Die bewusste Zeitung überschrieb den Artikel mit der Schlagzeile »Die Zehn Gebote: veraltet?« Sie berichtete, dass 11 Prozent der Befragten (oder, wie *Playboy* es sagte, jeder zehnte Deutsche) das Gebot »Du sollst nicht töten« heutzutage nicht mehr angebracht fanden, während sogar 14 Prozent der über Fünfundsechzigjährigen es für überholt hielten. Beim achten Gebot »Du sollst nicht stehlen« war es ähnlich: 11 Prozent der Befragten (und 21 Prozent der interviewten Schüler) betrachteten diesen Grundsatz als unzeitgemäß.

Bei der Veranstaltung, zu der ich als Referentin eingeladen war, wurde in der Einleitung auf die bewusste Umfrage Bezug genommen. Die Moderatorin ging kurz auf das achte Gebot ein und illustrierte es anhand einer Erfahrung, die sie vor Kurzem selbst gemacht hatte. Sie erzählte, dass sie zu Beginn des Sommers mit ihren Kindern im Garten gearbeitet hatte und dabei auf den Gedanken gekommen war, ein wenig Mais anzupflanzen. Ihre Kinder waren mit ihrem Vorschlag einverstanden, und so machten sie sich auf den Weg zu einem nahe gelegenen Maisfeld, wo sie ein paar junge Pflanzen ausgruben, um sie dann in ihrem eigenen Garten einzupflanzen. Das Projekt war erfolgreich, die Pflänzchen entwickelten sich gut und wuchsen den Kindern bald über den Kopf. Und nach einigen Monaten wuchsen tatsächlich Maiskolben daran.

Die Kinder zeigten ihren Freunden und Freundinnen stolz ihre Pflanzung und erzählten immer wieder enthusiastisch, woher sie den Mais hatten. Ihre Unternehmung trug ihnen sowohl Bewunderung als auch Fragen ein. »*Wow*, und ihr seid einfach mit eurer Mutter klauen gegangen?« Bei Mutter Anja meldete sich inzwischen das

Gewissen. Der Mais in ihrem Garten machte ihr schwer zu schaffen, und die Fragen, die die Freunde ihrer Kinder stellten, bereiteten ihr echte Not. So kam es, dass sie am Ende des Sommers die mutige Entscheidung traf, die Maispflanzen auszugraben und mit ihren Kindern wieder auf das Feld zu bringen, auf das sie gehörten. So geschah es, und es war ein ziemliches Schauspiel. Während sie die großen Pflanzen eingruben, wurden sie mehrmals von Passanten gefragt, was sie da machten. Die Kinder erklärten das nur allzu gern, während ihre Mutter schweigend und mit rotem Kopf eifrig grub und pflanzte.

Es blieb nicht bei dem Mais, denn als Anja die Sache in Ordnung gebracht hatte, erinnerte sie sich daran, dass sie irgendwo auf dem Speicher noch ein paar Bücher liegen hatte, die sie sich irgendwann aus der Schule »geliehen« hatte. Sie holte sie hervor und brachte sie – über fünfundzwanzig Jahre später – zurück zu ihrer alten Grundschule und erzählte dort ihre Geschichte. Dass sie dabei noch ein oder zwei Lehrern über den Weg lief, die sie noch von früher kannten, war ihr ziemlich peinlich.

Zu Anfang löste Anjas Bericht bei den Zuhörerinnen noch ein wenig Gekicher und Gelächter aus. Ein aufmerksamer Beobachter spürte jedoch, dass dieses Gelächter mit einer gewissen Unsicherheit einherging. Nicht jeder lässt Maispflanzen mitgehen, aber es gibt genügend Haushalte, in denen irgendwelche Kleinigkeiten wie ein Aschenbecher oder eine Kaffeetasse stehen, die aus einem Restaurant mitgenommen wurden. Badezimmer, in denen Handtücher hängen, auf denen der Name eines Hotels steht. Schreibtische mit einer Büroklammerschachtel oder einem Hefter aus dem Büro, Zeitungsständer mit einer Zeitschrift aus dem Wartezimmer des Doktors oder Zahnarztes. Es sind »bloß« kleine Dinge, die man als Andenken mitgenommen hat, oder weil man sie zu Hause so gut gebrauchen kann. Man denkt nicht darüber nach oder sagt: »Ach, was macht das schon, das tut doch jeder«, »Einen kleinen Aschenbecher mitnehmen ist doch eine Lappalie« oder »Die haben mehr als genug Handtücher in dem Hotel!« Wenn man es recht betrachtet, kann man den 11 Prozent, die jener Untersuchung zufolge meinten, das

Gebot »Du sollst nicht stehlen« sei überholt, sicher noch ein paar Prozent hinzufügen.

Anjas Bericht an jenem Frauenabend war nicht nur nachvollziehbar, er war sehr beeindruckend. Und auch folgenreich, denn etwa eine Woche darauf erhielt ein Mitglied des Organisationskomitees einen Anruf: Eine Frau erzählte, dass sie vor Jahren in einem Geschäft einen Duschvorhang gestohlen hatte. Sie hatte ihn letztlich nie benutzt, er war noch originalverpackt. Ob das daran lag, dass sie sich doch nicht frei fühlte, ihn in Gebrauch zu nehmen? Wie dem auch sei, auch sie fasste Mut und ging zurück zu dem bewussten Geschäft, um den Vorhang zurückzugeben. Sehr zum Erstaunen – und der Überraschung – des betreffenden Abteilungsleiters.

Ich habe darüber hinaus keine weiteren Berichte mehr gehört, aber es würde mich nicht wundern, wenn Anjas Geschichte die Runde gemacht hätte. Wenn die Menschen, die bei der Veranstaltung zugegen waren, sie ihren Verwandten oder Freunden erzählt hätten. Oder wenn die Mitarbeiter jenes Geschäftes über die Frau gesprochen hätten, die einen Duschvorhang zurückgebracht hat, weil es ihr zu schaffen machte, dass sie ihn einfach mitgenommen hatte. Vielleicht hat die Geschichte auch noch weitere Folgen. Es mag übertrieben scheinen, eine gestohlene Maispflanze wieder einzupflanzen oder einen Vorhang zurückzubringen. Aber so etwas kann wie ein Stein wirken, der in dem Teich, in den er geworfen wird, immer größere Kreise zieht.

Das Gute zu tun ist nicht nur heilsam, es wirkt auch ansteckend.

Lebt als Kinder des Lichts.

Epheser 5,8

Spannung in der Kirche

Sie saß vor mir in der Kirche. Eine alleinerziehende Mutter mit ihrem Teenager. Er war nicht freiwillig mit zum Gottesdienst gekommen, das war offensichtlich. Seine ganze Haltung drückte Protest aus, sein Zorn war ihm überdeutlich anzumerken. Im einen Moment wandte er seiner Mutter demonstrativ den Rücken zu, im nächsten Moment ließ er höchst dramatisch seinen langen Oberkörper nach vorn sinken und vergrub sein Gesicht in den Händen. Ein oder zwei Mal versetzte er seiner Mutter einen Stoß, sehr subtil, aber doch sichtbar. Und spürbar.

Seine Mutter bemühte sich nach Kräften, ruhig zu bleiben. Sie versuchte sich auf die Predigt zu konzentrieren, aber ihre Gedanken waren bei ihrem Kind. Die Situation lag ihr schwer im Magen, das war genauso offensichtlich wie die Frustration ihres Sohnes. Sie behielt die Beherrschung, aber die wenigen Male, die sie ihr Gesicht ihrem Sohn zuwandte, sah ich die Ohnmacht in ihren Augen. Er suchte seinerseits manchmal den Blick seiner Mutter. Seine Augen waren zornig und strahlten gleichzeitig eine immense Verletzlichkeit aus.

Das »Amen« nach der Predigt war kaum verklungen, als der Junge aufsprang und aus der Kirche stürzte. Seine Mutter blieb sitzen, ganz verloren in einer beinah leeren Kirchenbank. Während des Liedes, das auf die Predigt folgte, sang sie tapfer mit, den Blick auf die Tür gerichtet, durch die ihr Sohn hinausgegangen war. Als er wieder erschien und ein bisschen zögernd stehen blieb, stand sie auf, ging zu ihm und begleitete ihn nach draußen. Dort müssen sie das eine oder andere besprochen haben, und wahrscheinlich hat ihr Sohn sich nichts sagen lassen, denn die Mutter kam allein zurück und nahm ihren Platz wieder ein.

Es wurde gebetet und dann von Neuem gesungen. Ich weiß nicht mehr, welches Lied es war und welche Worte wir gesungen haben, aber es wurde ihr zu viel. Es war, als würde eine Schleuse brechen, die Tränen flossen und ließen sich nicht mehr aufhalten. Ihr Schmerz überwältigte sie.

Auf einmal sah ich jene andere alleinerziehende Mutter vor mir, Hagar. Sie war eine ägyptische Sklavin, die zur Leihmutter für ein Kind wurde, das ihr Herr und ihre Herrin sich wünschten. Etwa sechzehn Jahre nach der Geburt ihres Sohnes wurde sie mit diesem Sohn weggeschickt, weil ihre Herrin inzwischen selbst Mutter geworden war und Hagar und ihr Kind nicht länger auf ihrem Hof ertragen konnte. Die Bibel erzählt, dass Hagar mit ihrem Teenager in die Wüste geriet und dort strandete. Der Proviant, den sie von ihrem Herrn mitbekommen hatte, war aufgezehrt, der Wassersack bis auf den letzten Tropfen geleert. Sie stand buchstäblich mit leeren Händen vor einer aussichtslosen Situation: Es war in jener Wüste weit und breit kein Brunnen zu sehen.

Da brach auch bei Hagar der Damm. Ihr Sohn hatte einiges wegzustecken, sein Vater hatte ihn fortgeschickt und ihm ein anderes Kind vorgezogen. Aber auch sie, seine Mutter, war mit ihrem Latein am Ende.

Was geht in einer Mutter vor, wenn sie nicht mehr imstande ist, ihrem Kind zu geben, was es braucht? Wie lange kann man weiterkämpfen, bis man zerbricht? Hagar gab auf, in ihrer Ohnmacht wandte sie sich von ihrem Sohn ab, fiel zu Boden und brach in Schluchzen aus. In der Sturzflut ihrer Tränen brachen sich die jahrelange Enttäuschung und der Schmerz Bahn, abgelehnt und weggeschickt worden zu sein. Und die Verzweiflung darüber, nicht mehr weiterzuwissen und -zukönnen.

In dieser Situation öffnete sich der Himmel, und sie vernahm die Stimme Gottes. Er stellte eine sanfte Frage, auf die eine Ermutigung folgte: »Hagar, was ist mit dir? Hab keine Angst! Gott hat das Weinen deines Sohnes gehört, der dort liegt« (1. Mose 21,17; Neues Leben). Diese Worte leiteten einen Wendepunkt in Hagars Leben ein. Die Wüste blieb eine Wüste, die alleinerziehende Mutter blieb eine alleinerziehende Mutter. Aber ihre Begegnung mit Gott bewirkte, dass sie nicht länger allein damit konfrontiert war. Gott öffnete ihr die Augen für einen Wasserbrunnen, aus dem sie schöpfen konnte: Hagar empfing von Gott die Kraft, die sie nötig hatte, um ihren Weg zu gehen und ihrem Kind zu geben, was es brauchte.

Jenes Schauspiel in der Kirche wird vielen Menschen bekannt vorkommen. Alleinerziehende Eltern werden sich in der Ohnmacht der Mutter wiedererkennen, die vor mir saß. Scheidungskinder werden in dem Verhalten des Jungen ihre eigenen verwirrenden Gefühle von Ohnmacht, Zorn und Frustration wiedererkennen. Es ist nicht einfach, die Trauer und den Schmerz über diese ungeklärte Situation zu überwinden. Und einen Weg zu finden, mit diesen heftigen Gefühlen und der lähmenden Unsicherheit umzugehen. Wie gut ist es zu wissen, dass es einen Gott gibt, der hört und der sieht.

Du bist ein Gott, der mich sieht.

1. Mose 16,13

Er liebt sie nicht mehr

Er liebt sie nicht mehr. Nach fünfzehn Jahren Ehe und drei Kindern ist es auf einmal aus. Eines Abends rückt er aus heiterem Himmel damit heraus. Ihr Schock, ihre »Warums«, ihr »Dann lass uns doch Hilfe suchen« prallen an ihm ab. Er will erst mal Abstand nehmen, sagt er. Darum hat er einen Wohnwagen gemietet, da wird er vorläufig leben.

Noch am selben Abend packt er einen Koffer mit Kleidern und geht. Sie bleibt mit den Kindern und mit ihren Fragen zurück. Natürlich hat sie gemerkt, dass es in der letzten Zeit nicht so gut gelaufen ist zu Hause. Ihr Mann war oft abwesend und kurz angebunden, er zog sich abends in sein Arbeitszimmer zurück und wollte über nichts mehr sprechen. Sie hatte sein Verhalten darauf zurückgeführt, dass er von seinem Geschäftspartner hintergangen worden war und alles, wofür er jahrelang gearbeitet hatte, auf einen Schlag verloren hatte. Sie hatte gesehen, wie das an ihm zehrte, und hatte aus diesem Grund geschwiegen, als er stundenlang mit dem Hund spazieren gegangen war und erst wieder auftauchte, als die Kinder längst im Bett waren. Sie hatte ihm vergeben, als er mehr getrunken hatte, als ihm (und ihr) guttat. Die Sorgen mit dem Kind, das in der Schule gemobbt wurde, hatte sie größtenteils selbst aufgefangen, weil sie ihm nicht noch mehr Probleme zumuten wollte, als er ohnehin schon hatte. Sie hatte ihm Zeit gegeben. Und währenddessen hatte er seine Pläne geschmiedet.

In den Wochen nach seinem Auszug versucht sie zu Hause die Sache am Laufen zu halten. Die Kinder haben ihren Vater schon ein Mal in seinem Wohnwagen besucht. Das war richtig aufregend. Einen Wohnwagen kennen sie aus dem Urlaub, aber nicht als längerfristigen Wohnort. Sie haben mit ihm auf dem Spielfeld des Campingplatzes Fußball gespielt und sie haben in der Snackbar gegessen. Er hat ihnen erzählt, dass er Mama nicht mehr liebt. Er hat ihnen gesagt, dass das eben manchmal so kommt. Und erklärt, dass es besser ist, wenn Väter und Mütter sich dann trennen.

Mir wird das Herz schwer, wenn ich an die Kinder denke. Sie müssen es verstehen, hat ihr Vater gesagt. Aber sie begreifen, ehrlich gesagt, nicht die Spur davon. Was sollen sie mit der Information anfangen, dass es einfach passieren kann, dass Papas und Mamas sich auf einmal nicht mehr lieben? Fragen sie sich vielleicht, ob das auch für sie gelten kann – heute liebt Papa dich, morgen kann es anders sein? Und wie kann es sein, dass ihm das anscheinend gar nichts ausmacht, während Mama ständig weint und nicht mehr weiß, wie alles weitergehen soll?

Seine Frau und auch Freunde haben ihn gefragt, ob eine andere Frau im Spiel ist. Er hat ganz entrüstet reagiert: Wie können sie so etwas von ihm denken? So etwas könnte er sich niemals vorstellen, geschweige denn tun! Sie sind fürs Erste beruhigt, aber gleichzeitig machen sie sich furchtbare Sorgen. Wird es jemals wieder gut werden? Ist das eine vorübergehende Trennung, eine Midlife-Krise, oder gibt es bald keinen Weg mehr zurück? Und warum will er keine Hilfe in Anspruch nehmen? Weil es dazu zu spät ist, sagt er. Er hat schon so lange durchblicken lassen, dass sich zu Hause etwas ändern muss, dass *sie* sich ändern muss. Aber sie hat sich nicht geändert. Und jetzt ist es eben aus. Nein, daran arbeiten will er nicht mehr. Nur Abstand nehmen, um nachzudenken. Denn wie es weitergehen soll, das weiß er auch nicht. Aber zurück zu seiner Frau will er nicht mehr, da ist er sich sicher.

Es dauert nur ein paar Wochen, bis eine gute Freundin entdeckt, dass doch eine andere im Spiel ist. Sie treffen sich schon seit über einem Jahr, und jetzt wollen sie – am liebsten so bald wie möglich – zusammenziehen. Wegen der Kinder haben sie es so gemacht, dass er erst allein in einen Wohnwagen gezogen ist, damit sie sich allmählich an die Situation gewöhnen können. Es ist für seine Freundin auch leichter so, denn sie muss sich noch scheiden lassen. Es ist besser, wenn ihr Mann erst nach der Scheidung hört, dass sie einen anderen hat, sonst braucht er ihr vielleicht keinen Unterhalt zu zahlen.

Er hat also eine Freundin. Er ist erleichtert, dass die Wahrheit ans Licht gekommen ist, aber seine Familie und seine Freunde fühlen sich total betrogen. Sie haben versucht ihn zu begreifen, sie haben versucht zu akzeptieren, dass er in den Wohnwagen gezogen ist, um Abstand zu nehmen, sie haben die Hoffnung nicht aufgegeben, dass vielleicht noch alles gut wird. Sie sind alle darauf hereingefallen, er hat sie alle miteinander zum Narren gehalten.

Die Scheidung ist eingereicht, das neue Paar wohnt mittlerweile zusammen. Sie haben ein Häuschen gekauft, das wird jetzt renoviert. Es wird dort ein Zimmer für die Kinder geben, in dem sie schlafen können, wenn sie zu Besuch kommen. Sie haben Papas Freundin inzwischen kennengelernt und finden sie ziemlich nett. Aber trotzdem ist ihnen das alles nicht ganz geheuer. Sie finden es schwierig, darüber zu reden, und manchmal können sie sich nicht auf ihre Hausaufgaben konzentrieren. Der Jüngste ist fünf und er schläft nicht mehr gut und muss oft weinen.

Mama lebt mit den Kindern im alten Haus. Papa wohnt nicht sehr weit weg; wenn etwas ist, kann er gleich da sein. Das Wichtigste ist, dass er jetzt glücklich ist, denn er hat es ziemlich schwer gehabt in der letzten Zeit. Es hat ihn viel Kraft gekostet, dass er seine neue Beziehung geheim halten musste. Aber nun haben sie alles gut gelöst und er kann an seiner Zukunft arbeiten. Er ist froh, dass er sich für sein eigenes Glück entschieden hat, es geht ihm jetzt viel besser. Er hat einfach wieder Freude am Leben. Und was seine Familie betrifft? Papa hat versprochen, dass er sein Bestes tun wird, damit Mama und die Kinder im alten Haus wohnen bleiben können, sodass alles beim Alten bleibt.

Wenn das doch ... wahr wäre.

Gnade und Treue sollen dich nicht verlassen.
Hänge meine Gebote an deinen Hals und schreibe sie
auf die Tafel deines Herzens.

Sprüche 3,3

Willem

Es war irgendwo in den Niederlanden. Während eines Vortrags in einer Gemeinde teilte ich das Podium mit einem Kanarienvogel in einem Käfig. Die Dame, die die Veranstaltung leitete, hatte den Vogel für einen Tag in ihre Obhut genommen, weil seine Besitzerin dabei war, umzuziehen. Wegen ihrer Katze, die sich ein wenig zu begeistert über den kleinen Tagesgast zeigte, hatte sie ihn mitgenommen in die Gemeinde. Dort stand er auf dem Abendmahlstisch neben meinem Pult und dem Mikrofon.

An jenem Morgen waren nur zwei Männer anwesend: Der Kanarienvogel Willem und der Organist. Der Organist bekam einen ordentlichen Applaus, Willem wurde nur eine kurze Vorstellung zuteil. Wir sollten ihm, so seine »Tagesmutter«, keinerlei Aufmerksamkeit entgegenbringen und uns nicht von ihm ablenken lassen. Er habe alles, was er brauche, und sei glücklich und zufrieden.

Während ich darauf wartete, dass ich nach vorn gerufen wurde, konnte ich es nicht lassen, Willem zu beobachten. Ob dieses Vögelchen wirklich glücklich und zufrieden war? Ich war mir dessen nicht so sicher. Es war wahr, Willem saß ganz ruhig auf seiner Stange, auch wenn ich sagen muss, dass das Orgelgedröhn ihm nicht so zusagte: Als der Organist zu spielen begann, kauerte sich Willem zusammen und steckte den Kopf zwischen die Flügel.

Von einer Sache war ich überzeugt: Willem gehörte nicht in diesen Käfig. Er hatte Flügel bekommen, um sie zu gebrauchen. Als Vogel war er dazu bestimmt, in der freien Natur zu leben, in einer Baumkrone zu singen, sich ein Nest zu bauen und frei umherzufliegen. Er gehörte nicht in einen kleinen Käfig mit zwei Sitzstangen und zwei Plastikschälchen für sein Vogelfutter aus der Tüte und sein Wasser aus dem Wasserhahn. Vielleicht hatte er einen Spiegel in seinem Käfig, der ihm die Illusion gab, nicht allein zu sein, vielleicht hat er dann und wann ein Liedchen gesungen, aber er war und blieb ein gefangener Vogel, dem die Flügel gestutzt waren.

Manchmal kann ein unerwartetes Ereignis zum Anlass für tiefgründige Gedanken werden. Damals auf der ersten Bank in jener Gemeinde wurde ich von Willems Schicksal ergriffen. Es berührte mich, dass jener kleine Kanarienvogel sich anscheinend damit abgefunden hatte, dass er gefangen war. Vielleicht hatte er einmal die Freiheit gekannt, aber das Pech gehabt, irgendwo in Frankreich oder Italien an einen Leimstab zu fliegen und danach von einem Händler auf dem Vogelmarkt verkauft zu werden. Vielleicht war er auch schon in Gefangenschaft geboren worden. Willem schien sich dessen nicht bewusst zu sein, dass das Leben in einem Käfig unnatürlich und beschränkt ist. Anscheinend wusste er es nicht besser und wollte es vielleicht auch nicht mehr anders. Sein Leben in Gefangenschaft war für ihn normal geworden. Es war übrigens kein Leben, höchstens noch ein Existieren. Fliegen konnte er nicht mehr.

Plötzlich sah ich eine Parallele. Wie viele Menschen gibt es doch, die genau wie Willem gefangen sind, denen das Leben die Flügel gestutzt hat und die hinter unsichtbaren Gitterstäben eingesperrt sind. Als einzigartige Geschöpfe Gottes hätten sie das Recht, mit erhobenem Haupt und kräftigen Flügelschlägen ihre Bahn zu ziehen. Aber sie werden durch ihre Lebensumstände gebremst, sie sind verletzt und gebrochen durch schmerzliche Ereignisse und Erfahrungen, sie sind niedergedrückt von Kummer und Schmerz oder dunklen Geheimnissen, Scham und Schuld, sie sind verstrickt in das Netz ihrer eigenen Unfähigkeit und haben nicht die Kraft, sich daraus zu befreien. Ihre Welt ist durch all dies so klein geworden, sie leben ein armseliges, beschränktes Leben. Im Laufe der Jahre haben sie sich an diesen Zustand gewöhnt. So ist es nun einmal, daran lässt sich nichts mehr ändern. Manchmal singen sie ein Lied. Vielleicht in Moll, aber doch ein Lied. Manchmal ist es ein Lied voller Sehnsucht und Melancholie. Ein Lied voller Heimweh nach dem, was war oder was hätte sein sollen. Voller Sehnsucht nach zu Hause.

Vor gut zweitausend Jahren ist er auf diese Erde gekommen: Jesus, der Sohn Gottes. Er war eine auffällige Erscheinung, ein starker Mensch, der über außergewöhnliche Autorität verfügte. Er sagte, dass er gekommen sei, um den Menschen Leben und Überfluss zu schenken. Überfluss an guten Dingen. Überfluss an Hoffnung, die uns Menschen wirklich singen lässt. Überfluss an Trost und Kraft, die uns aufrecht stehen lassen. Überfluss an Frieden, der uns über Unruhe und Rastlosigkeit erhebt. Überfluss an Liebe, die Flügel schenkt.

Er nannte sich Heiland, Retter, Befreier. Er kam, um uns Menschen von dem Joch unserer falschen Entscheidungen, unserer negativen Taten, unserer Scham und Schuld zu befreien. Er kam, um uns Flügel zu geben, und schenkte uns seinen Geist, der uns wie ein starker Wind helfen soll, aufzusteigen und zu fliegen. Nicht vogelfrei, nicht den willkürlichen Mächten und Kräften dieser Welt ausgeliefert, sondern getragen von Gottes ewigen Armen. Auf dem Weg zu unserer Bestimmung. Von der Gefangenschaft in die Freiheit, von einem menschenunwürdigen Dasein zu einem erfüllten Leben. Und all dies durch die Verbindung zu ihm.

Kommt her zu mir, sagte er. Kommt her zu mir, alle die ihr mühselig und beladen seid! Ich werde euch Ruhe geben. Kommt her zu mir alle, und ich werde euch zeigen, was wahre Freiheit ist, denn ich, der Sohn Gottes, mache Menschen wirklich frei.

Als er starb, nahm er die Gitterstäbe mit. Als er vom Tod auferstand, machte er die Tür zum Leben weit auf. Wer an ihn glaubt, darf seine Flügel ausbreiten und in die Freiheit fliegen.

Die auf den Herrn harren, kriegen neue Kraft, dass sie auffahren mit Flügeln wie Adler, dass sie laufen und nicht matt werden, dass sie wandeln und nicht müde werden.

Jesaja 40,31

Blick auf unendlich

Vor ein paar Jahren machte ich die Überfahrt von Hoek van Holland nach Harwich mit dem Katamaran, der bis Ende 2006 auf dieser Strecke eingesetzt wurde. Es war ein besonderes Schiff, das gut zwölfhundert Passagiere und eine große Anzahl Fahrzeuge befördern konnte. Es brauchte nicht mehr als dreieinhalb Stunden, um den Kanal zu überqueren. Eine schnelle und bequeme Reise, ich habe sie oft gemacht und finde es darum auch schade, dass die Schifffahrtsgesellschaft sich aus finanziellen Gründen für andere Fährschiffe entschieden hat, die beinah doppelt so lange für die Strecke brauchen.

Nun, bei der bewussten Überfahrt vor ein paar Jahren war es mir gelungen, einen Fensterplatz zu ergattern. Das erforderte normalerweise eine ausgefeilte Strategie. Als Erstes das Auto auf dem Autodeck unten im Schiff parken und dann unverzüglich nach oben, zu dem Deck mit den Tischen und Stühlen an den Fenstern, in der Hoffnung, dort noch einen freien Platz zu finden. Während der Hochsaison ein richtiges Abenteuer, außerhalb der Saison ein Kinderspiel. Diesmal war es ein Wunder, dass ich einen Platz gefunden hatte, denn das Schiff war völlig ausgebucht.

Erfreut stellte ich mein Handgepäck ab, setzte mich und richtete mein Plätzchen für die nächsten paar Stunden ein. Ein gutes Buch auf den Tisch, einen Apfel gegen den Durst, eine Zeitung. Die See war glatt und der Himmel wolkenlos. Ich freute mich auf einen schönen Sonnenuntergang und ein paar Stunden Lesevergnügen. Daraus wurde jedoch anfänglich nicht viel. Nicht, dass der Sonnenuntergang nicht schön gewesen wäre oder mein »Lesefutter« nicht spannend, es lag an etwas anderem: Auf dem Schiff herrschten Lärm, Unruhe und ein ständiges Hin und Her. Alle meine Sinnesorgane wurden gereizt, es gab keine Sekunde Ruhe.

Zwei Jugendliche waren an einem Spielautomaten mit einer computergesteuerten Verfolgungsjagd beschäftigt, bei der es darum ging, so viele davonrennende Figuren wie möglich niederzuschießen. Es ging sehr heftig zu, das Geknalle war ohrenbetäubend. Neben ihnen begab sich ein Mann in den Vierzigern – ebenfalls auf einem Hocker vor einem Bildschirm – auf eine Verfolgungsjagd mit dem Auto. Die wurde von dem Geräusch quietschender Bremsen und wildem Sirenengeheul begleitet. In einer Ecke saßen ein paar Menschen unter flackernden, bunten Lampen und unterhielten sich. Obwohl eine Unterhaltung eigentlich nicht möglich war, weil die Stimmen ständig von lauter Musik mit schwer dröhnenden Bässen übertönt wurden, die bis tief in die Magengegend hinein zu spüren waren. Ein paar Kinder liefen quengelnd hin und her, und aus den langen Schlangen vor dem Fastfood-Restaurant riefen verschiedene Leute sich gegenseitig Dinge zu. Die Tische um mich herum wurden mit Tüten voller Pommes frites und Hamburgern beladen, und Ketchup und Mayonnaise flossen reichlich. Andere Fahrgäste gingen mit Mobiltelefonen am Ohr vorüber und unterhielten sich lautstark mit ihren unsichtbaren Gesprächspartnern. Ein Mitarbeiter der Schifffahrtsgesellschaft ging mit einem großen Müllsack herum und bemühte sich, den vielen Abfall auf und neben den Tischen zu beseitigen. Und als ob das alles noch nicht genug gewesen wäre, wurden die Passagiere mit bunten Bildern und schmeichelnden Worten über Bordvideo dazu aufgefordert, den schiffseigenen Supermarkt zu besuchen oder Karten für das Bordkino zu kaufen, in dem bald ein spannender Film gezeigt werden würde.

Inmitten dieser unablässigen optischen und akustischen Reize verpasste der größte Teil der Reisenden den großartigen Film, den der Schöpfer auf einer himmelsbreiten Leinwand vorführte: das Schauspiel eines atemberaubenden Sonnenuntergangs über einer spiegelglatten See.

Ich weiß noch, dass ich mich versucht fühlte, die Leute um mich herum auf das hinzuweisen, was sich draußen abspielte. In diesem Moment stand die Welt für einige Minuten still. Während ich dem Chaos an Bord den Rücken zuwandte und den Blick nach draußen richtete, ergriff mich die Schönheit von Gottes Schöpfung zutiefst. Die Hintergrundgeräusche waren plötzlich verschwunden und ich hatte das Gefühl, völlig allein zu sein. Allein mit meinem Schöpfer, der mich einen Blick in seine Herrlichkeit tun ließ. Allein mit dem Ewigen, der mir seine Gegenwart bewusst machte. Er nahm mich heraus aus der Hetze des täglichen Lebens und reichte mir einen Becher lebendigen Wassers, aus dem ich trinken durfte. Als über die Bordlautsprecher angekündigt wurde, dass das Schiff bald anlegen würde und die Autofahrer sich zu ihren Fahrzeugen begeben sollten, kehrte ich von einer Reise zurück, die viel weiter gegangen war als von Hoek van Holland nach Harwich.

Herr, unser Herrscher, wie herrlich ist dein Name in allen Landen,
der du zeigst deine Hoheit am Himmel!

Psalm 8,2

Ente gut, alles gut

Mit dem Anbringen einer Lackschicht auf dem Parkettboden meines Elternhauses wurde eine neue Ära eingeläutet. Bis dahin hatten wir den Fußboden in regelmäßigen Abständen gebohnert. Das war eine ordentliche Aufgabe gewesen. Zuerst musste der Boden staubfrei gemacht werden, danach wurde er eingewachst. Dafür hatte jeder seine eigene Methode. Ich selbst streute großzügig Bohnerwachsklumpen auf den Boden und ging danach mit der Bohnermaschine darüber. Was war das für ein Abenteuer! Ich war ein schmächtiges Kind, das diese starke Maschine kaum unter Kontrolle halten konnte. Wenn ich nicht aufpasste, wurde ich von dem sich drehenden Apparat durchs Zimmer geschleift. Noch schöner war es, sich *auf* den Bohnerkopf zu stellen, wobei ich mir dann einbildete, dass es sich um einen Roller handelte. Die Kunst bestand darin, beim Herumwirbeln die Wachsklumpen unter den Bohnerkopf zu bekommen. Gelang das nicht, flogen sie durch das Zimmer.

Wie gesagt, diese herrliche Zeit endete leider, als der Parkettboden mit einer Lackschicht überzogen wurde. Der »tanzende Bohnerbesen« verschwand im Besenschrank, und es war vorbei mit dem Spaß. Es kam ein Parkettverleger, der uns auftrug, das Zimmer auszuräumen. Er würde ein paar Tage brauchen, um das Parkett abzuschleifen und dann mit Lack zu überziehen. Danach musste der Boden noch eine Zeit lang trocknen.

Wir zogen uns während dieser Tage in die Küche zurück. Ab und zu spähten wir durch die Bleiglasfenster der Tür, die vom Flur ins Wohnzimmer führte, um zu sehen, was dort geschah. Und wir saßen oft auf der Terrasse, wo manchmal auch der Herr Parkettverleger erschien, um eine Tasse Kaffee oder Tee zu trinken oder seine Butterbrote zu verzehren.

Nach einigen Tagen war es so weit – der Boden war fertig und sollte trocknen. Wir erhielten die letzten Anweisungen, unter anderem das strikte Verbot, das Zimmer zu betreten. *Ein* Schritt auf das nasse Parkett, und alle Mühe wäre umsonst gewesen. Die Tür zum

Flur wurde also abgeschlossen, während die Tür zur Terrasse einen Spalt offen blieb, damit der Boden gut trocknen konnte. Es würde alles prima werden. Dachten wir ...

An dem Morgen, als der Parkettverleger gegangen war, hörte meine Mutter seltsame Geräusche aus dem Wohnzimmer dringen. Es klang, als würde etwas hin- und hergeschubst, und es ertönte wildes Geschnatter. Letzteres war nicht weiter erstaunlich, denn wir hatten oft eine Schar Enten im Garten. Die kamen aus einem Kanal in der Nachbarschaft, überquerten eine Straße und spazierten durch ein paar Gärten, um sich dann quakend bei meiner Mutter zu melden, die immer ein paar Kanten trockenes Brot für sie bereitliegen hatte. Kurz gesagt: Das Geschnatter war uns vertraut. Nur ... im Haus hatten wir es noch nie gehört.

Als meine Mutter den Geräuschen nachging und vom Flur aus durch das Bleiglasfenster ins Wohnzimmer schaute, bot sich ihr ein schreckliches Schauspiel. Über den noch nassen Parkettboden glitten etwa acht hysterisch schnatternde Enten. Einige von ihnen hatten offensichtlich vor lauter Aufregung ihre Schließmuskeln nicht unter Kontrolle, über den Boden zogen sich grünlichbraune Schleimspuren. Der prächtig lackierte Boden hatte sich in eine bunte horizontale Rutschbahn verwandelt, auf der die Enten wie unlenkbare Kirmesautos gegeneinanderprallten. Sie waren in schrecklicher Panik und das Chaos war komplett.

Meine Mutter muss einen Moment vor Schrecken stumm gewesen sein, aber bald siegte ihr Humor über ihr Entsetzen. Mit vor Aufregung überschnappender Stimme rief sie uns zu, sofort herzukommen. Wir sausten die Treppe hinunter, und da stand sie am Bleiglasfenster und lachte so sehr, dass sie sich mit ihrer Schürze die Tränen von den Wangen wischen musste. Es dauerte nicht lange, und wir stimmten ein, jede von uns durch eine eigene Scheibe des Bleiglasfensters spähend. Wie lange wir dort gestanden und vor Lachen geprustet haben, weiß ich nicht mehr. Das Bild war zum Brüllen. Pirouetten auf großen orangefarbenen Schwimmfüßen, wild flatternde Flügel, ein ohrenbetäubendes Gequake. Es war ein heilloses Durcheinander.

An diesem Nachmittag sind wir trotz des ausdrücklichen Verbotes des Parkettverlegers in das Zimmer gegangen, es war ohnehin alles zu spät. Meine Mutter hat den guten Mann angerufen und ihm vorsichtig beigebracht, dass ein kleiner Unfall passiert war. Höhere Gewalt, in der Tat. Es waren Enten hereingewatschelt. Unglaublich, aber wahr.

Der Parkettverleger ist am nächsten Tag zurückgekommen, hat sich stumm den ruinierten Boden betrachtet und dann ohne viele Worte von vorn begonnen. Und meine Mutter hat die Versicherung angerufen.

Ich werde nie vergessen, wie komisch das Ganze war und wie wir drei uns im Flur miteinander schlappgelacht haben. Ich habe dadurch auch etwas gelernt: Es ist viel gewonnen, wenn in bestimmten Situationen der Humor siegt. Wenn Dinge schiefgehen, kann man aus dem Gleichgewicht geraten und sich grämen oder schimpfen. Man kann sich jedoch auch – wo das möglich und angebracht ist – dafür entscheiden, das Komische an der Situation zu sehen. Meine Mutter hätte in Zorn ausbrechen und die armen Enten mit dem Besen hinausjagen können, aber sie sah stattdessen die verrückte Situation und hatte Mitleid mit den bedauernswerten Tieren, die sich so unschuldig und ahnungslos aufs »Glatteis« begeben hatten. Als sie sich ein bisschen von ihrem Lachanfall erholt hatte, trieb sie die armen Vögel vor sich her nach draußen. Sie hätte ihnen gern noch ein bisschen Brot gegeben, aber die Entenschar suchte das Weite. Sie flogen von dannen und haben sich ein paar Wochen lang nicht mehr blicken lassen.

Das Parkett ist dann doch noch sehr schön geworden.

Weinen hat seine Zeit, lachen hat seine Zeit …

Prediger 3,4

Urlaub im Süden

Sie fliegt für eine Woche in die Sonne mit ihrer dreizehnjährigen Tochter. Plus drei Freundinnen. Von der Tochter, wohlgemerkt. Papa bleibt – wie klug von ihm! – zu Hause. *Eine* Tochter in der Pubertät ist schon viel, und mit vier solcher Damen auf Reisen zu gehen, das ist nun wirklich nicht drin. Er kann es sich lebhaft vorstellen. Das Badezimmer, das stundenlang abgeschlossen ist, das Geschwätz und Gejammer über alles Mögliche (und vor allem über nichts und wieder nichts), das Herumhängen, die Langeweile und ... die Jungs.

Seine Frau lacht bloß darüber. Mit Jungs wird es von vornherein schon nichts, sagt sie. Sie wohnen bei ihrer Schwester und ihrem Schwager, ihr Haus liegt im Landesinneren. Wenn man einkaufen will, muss man eine Stunde lang fahren, und eine Disco gibt es weit und breit nicht. Aber es ist ein Schwimmbad auf dem Grundstück. »Baden und Sonnenbaden, das wird's im Wesentlichen sein«, sagt sie munter. »Und vor allem ordentlich *chillen*[4])!« Sie selbst hat sich ein paar dicke Bücher eingepackt und freut sich riesig auf die Stille und Einsamkeit. Nun bleibt nur zu hoffen, dass ihre vier Reisegefährtinnen sich ebenfalls gut unterhalten werden, denn wenn sie etwas nicht leiden kann, dann sind das herumhängende Kinder, die nichts mit sich selber anzufangen wissen.

Als sie etwa zwei Tage weg sind, rufe ich ihren Mann an und frage ihn, wie es läuft in Portugal. Er hat eine SMS bekommen, sagt er. Sie sind gut an ihrem Bestimmungsort angekommen. Keine Probleme unterwegs, keine Verspätungen auf den Flughäfen, alles prima gelaufen. Während es hier in Holland schon seit Wochen regnet,

---

4 Dieses englische Wort hat Eingang in die deutsche Sprache gefunden und wird inzwischen häufig gebraucht; es bedeutet »sich abkühlen« oder auch »zur Ruhe kommen, sich erholen«.

scheint dort die Sonne. Morgen fangen die Damen an, sich einzureiben, und dann lassen sie sich bräunen.

Inzwischen sind sie wieder da. Sie sind wirklich schön braun geworden. Und haben sich gut erholt, zumindest fürs Erste. Es war, sagt meine Freundin, ein ganz besonderer Urlaub, der erstaunlich gut verlaufen ist. Sie haben ausgiebig geschlafen. Und sie haben tatsächlich ausgiebig Gebrauch gemacht vom Badezimmer, oder besser gesagt von *den Badezimmern*, von denen wunderbarerweise zwei vorhanden waren. Sie sind viel geschwommen und haben prima *gechillt*. Und sie sind oft unterwegs gewesen und haben schöne Dinge unternommen.

Und wie war es mit den Jungs? »Das ist eine nette Geschichte«, sagt meine Freundin. »Es passierte während einer Kanufahrt. Wir saßen am Flussufer und haben Picknick gemacht, als ein paar Jungs in Kanus vorbeifuhren. Etwa zehn Minuten später kamen sie zurück und legten am Picknickplatz an. Es war offensichtlich: Sie hatten die Mädchen gesehen und daraufhin ihre Kanus gewendet, um noch einmal zurückzukommen. Seltsamerweise waren die Damen selbst so ins Gespräch vertieft, dass ihnen überhaupt nicht der Gedanke kam, dass der Besuch am Picknickplatz ihnen galt.«

»Für Eltern ist diese Lebensphase ihrer Kinder ebenso rührend wie entnervend«, fährt meine Freundin fort. »Im einen Moment sind es richtige Kinder und im nächsten verführerische Damen. Im einen Moment spaziert ein formloser Pyjama oder Schlabberpulli herein mit einem unausgeschlafenen Gesicht darüber – und im nächsten eine enge Jeans und ein Hemdchen mit aufregend tiefem Dekolleté und freiem Bauchnabel und einem sorgfältig geschminkten Gesichtchen darüber mit verführerischen Wimpern und ... der unvermeidlichen Zahnspange.«

Es ist ein aufregendes Alter. Eine Zeit, wo Unschuld und Raffinesse sich abwechseln. Wo viel gekichert und viel kokettiert wird. Wo der letzte, intensive Wachstumsschub zu unendlicher Müdigkeit und viel »Herumhängen« führt. Wo das Taschengeld niemals reicht und die Eltern nicht viel kapieren und manchmal besser wegbleiben, weil sie einfach peinlich sind. Wo dieselben Eltern aber sehr wohl antreten müssen, um ihr Kind abzuholen, weil es Bindfäden regnet oder dunkel ist. Wo tief gehende Fragen quasi im Vorübergehen gestellt werden, weil man sich vor allem nicht anmerken lassen darf, dass man irgendwas nicht weiß. Wo man manchmal noch kurz auf der Bettkante sitzen darf, aber nicht zu oft. Wo man sich an vieles herantasten muss. Und viel investieren. Und vor allem viel lachen, denn sonst schafft man es nicht.

»Und?«, frage ich meine Freundin. »Nächstes Jahr wieder?«

»Also, das geht mir jetzt doch ein bisschen schnell«, sagt sie. »Ich denke, dass es das vorläufig mal war. Es war toll, keine Frage. Aber jetzt muss Muttern erst mal ein bisschen *chillen*. Nächstes Jahr sehen wir dann weiter.«

Wenn aber jemandem von euch Weisheit mangelt, so bitte er Gott …

Jakobus 1,5

Begegnung in Zell am See

Vor ein paar Jahren hatte ich eine besondere Begegnung mit fünf alten Freunden. Wir hatten einander etwa fünfundzwanzig Jahre zuvor als Mitarbeiter der christlichen Studentenmission in Österreich kennengelernt. Wir setzten uns gemeinsam für die Verkündigung des Evangeliums ein, organisierten Bibelkreise und Konferenzen für Studenten, hatten einen Büchertisch vor der Mensa und machten Straßenevangelisation. Es war eine spannende, intensive Zeit, in der wir miteinander und füreinander gebetet, füreinander gekämpft und miteinander gelitten haben, wenn es Schwierigkeiten oder Widerstand gab.

Dieses Stück gemeinsame Vergangenheit in Österreich hat uns zu Freunden fürs Leben gemacht, sechs Männer und Frauen aus Österreich, Großbritannien und den Niederlanden. Es war schon Jahre her, dass wir zum letzten Mal alle beisammen gewesen waren. Aber eines Tages beschlossen wir, uns wieder einmal zu treffen, selbstverständlich in Österreich.

Wir feierten unser Wiedersehen auf grandiose Weise, mit einem Lunch in dem noblen Grand Hotel in Zell am See. Es war ein strahlend schöner Nachmittag. Die Aussicht war herrlich, der spiegelglatte See glänzte im Sonnenlicht. An einem prächtig gedeckten Tisch auf der Terrasse am Wasser wurden wir sechs von sage und schreibe drei Obern bedient, die lange Schürzen trugen und bemüht waren, uns jeden Wunsch von den Augen abzulesen. Sie brachten uns große Teller mit exquisiten kleinen Häppchen, die unter silbernen Deckeln verborgen waren, die sie mit atemberaubender Präzision gleichzeitig und elegant entfernten.

Nachdem wir miteinander gebetet hatten und die ersten beiden Gänge hinter uns lagen, ergriff unser Gastgeber das Wort. Auch im Namen seiner Frau wollte er jedem Einzelnen von uns für unsere Freundschaft danken. Erst Janice, die nach jahrelangem Dienst in Österreich inzwischen woanders hingezogen ist. Ihr dankte Reinhard, weil sie in den ersten Jahren nach seiner Bekehrung seine geistliche Mutter und Ratgeberin gewesen war. Als Ältester in einer christlichen Gemeinde weiß er, wie wichtig es ist, wenn junge Christen Menschen finden, die sie begleiten. Und wie kostbar es ist, wenn jemand wirklich bereit ist, Zeit und Kraft in einen anderen Menschen zu investieren.

Nach Janice wandte Reinhard sich an mich und äußerte seinen Dank für unsere Freundschaft, in der ein bestimmtes Ereignis eine wichtige Rolle gespielt hat. Reinhards Frau Barbara hat damals während einer unserer Studentenkonferenzen zum Glauben gefunden. Sie hat eines Abends ihr Leben in Gottes Hände gelegt und ihn gebeten, ihr seinen Weg zu zeigen. Dass ich ein wenig Anteil an diesem großen Wendepunkt in ihrem Leben haben durfte, bewegt mich bis zum heutigen Tag. Wenn das zur Sprache kommt, gibt es beinah jedes Mal Tränen, sowohl bei ihr als auch bei mir. Wir sagen jedoch nichts über das Ereignis selbst. Es ist zu persönlich und zu kostbar, um darüber zu sprechen.

Dann kam die Reihe an John, einen begabten Bibellehrer, Referenten und Apologeten aus Großbritannien. Er wird weltweit eingeladen, um mit führenden Agnostikern oder Atheisten über den christlichen Glauben zu debattieren. Auch in Österreich hat er seine Spuren hinterlassen – durch seine Bibelauslegungen während unserer Studentenkonferenzen. Seine Einsatzbereitschaft hat vor allem seine Frau viel gekostet, denn dadurch lastete zu Hause oft die ganze Verantwortung auf ihr. Darum galt der Dank auch ihnen beiden.

Zum Schluss dankte jede(r) von uns allen anderen. Und Gott.

Sechs Menschen erlebten auf einer Hotelterrasse an einem österreichischen See einen heiligen Moment. Während ein Stück von uns entfernt die Straßen und Plätze von schwatzenden Touristen und Souvenirjägern wimmelten, blickten wir still und verwundert zurück auf das Werk, das Gott in Österreich und in unserem persönlichen Leben getan hatte. Nach fünfundzwanzig Jahren waren wir wieder beisammen, vielleicht hier und da etwas ramponiert und mitgenommen vom Leben, aber alle immer noch fest von Gottes Treue überzeugt. Und dankbar für unsere Verbundenheit in ihm.

Wie kostbar ist es, wenn Freundschaften über lange Zeit und weite Distanz hinweg erhalten bleiben. Wenn die Verbundenheit miteinander so tief und das gegenseitige Vertrauen so groß ist, dass man den Faden einfach wieder anknüpfen kann. Wenn Gespräche nicht an der Oberfläche bleiben, sondern in die Tiefe gehen. Wie kostbar ist es, wenn man gemeinsam beten und gemeinsam für das danken kann, was Gott getan hat.

Wir danken Gott allezeit für euch alle und gedenken euer in unserm Gebet.

1. Thessalonicher 1,2